Basics of Financial Statements

これだけは知っておきたい

「決算書」の基本とルール

社会人として最低限おさえておきたい
「決算書の読み方」がわかる

◉会社の「儲かる仕組み」がわかる
◉儲かっている会社や危ない会社の見分け方がわかる
◉「株価と連動している決算書の書類」がわかる

公認会計士・税理士
村形 聡【著】

フォレスト出版

はじめに

不景気が長引いています。余りにも長引いているために、ちょっとずつ慣れてきたかもしれませんが、それにしても不景気です。

不景気が長引くとなると、心配なのが**リストラ**です。ひと昔前の日本企業は、世界各国から「日本型経営」として賞賛された「終身雇用制」を採用する企業がほとんどで、アメリカ企業のレイオフのような大型の従業員解雇は見られませんでした。

しかし、ここ数年はどうでしょう。リストラの新聞発表などを目にして驚かされますが、その規模のデカいこと、デカいこと……。

さすがの日本企業も、欧米諸国の例にならって、従業員に対して本当の意味での実力を要求し、**会社への貢献を強く求める**ようになってしまいました。

ところで、「会社への貢献」とは、いったい何を指しているんでしょうか？

漠然としていてなかなか難しい問題ですが、恐らく「売上を伸ばす」とか「利益を増やす」とか、そういう「**業績**」のことを言っている企業が多いように感じます。そうなってくると「会計」の出番です。会計とは、企業活動を「利益を獲得する活動」と割り切って、それを財産量の計算という手法によって具体的に実現しようとする仕組みです。
儲かっているか、稼いでいるか、そういうことに対して、実にシンプルに回答しようとしています。そういう意味では、「会社への貢献」という漠然とした代物も、**会計の世界ではズバリ数字として客観的に示されてしまいます**。

もちろん、企業活動というものを、「金儲け」という尺度だけですべて説明してしまうことに、抵抗がある方も少なからずいらっしゃるとは思います。

しかしながら、「会計」は、そういうことを百も承知の上で、企業の業績を計算し、弾き出すために生まれ育ってきたものです。これに間違いはありません。

そして、ここからが重要なポイントですが、これからの時代はサラリーマンも会社経営者も個人事業主も、「会計」というものと無縁ではいられないのです。

自分たちの努力や日々の仕事の成果を「利益」という基準でクールに捉え、どのようにすればより多くの成果が上げられるのか、どのようにすれば将来に向けて安定的な成果を上げられるのか、どんな活動が徒労に終わりどんな活動が成果に結びつくのか——そういうことについて、思いっきり頭を使わなければならない時代となってきているのです。

そんな「会計」の世界の中でも、真っ先に身につけておいていただきたいことが、貸借対照表、損益計算書、キャッシュフロー計算書といった、いわゆる**決算書を読む能力**です。

しかも、「今年は儲かったね」とか、「ここ数年、儲からないね」なんていう未熟な読み方ではありません。決算書に記載されたさまざまな経営数値より、企業の経営実態を知り、未来に向けた重要な判断の材料とするといった高度な読み方が求められています。

「高度な読み方」とは言いましたが、それは「難しい」ということを意味しているわけではありません。平たく言うならば、**「決算書をどれだけ使い倒すか」**という意味です。

最近、さまざまな「会計書籍」が巷を賑わせていますが、本当の意味で、いちから説明し、知らず知らずのうちに「高度な読み方」ができるようになるまで、きちんと書かれている本は少ないような気がします。「入門書」は、ごく簡単な説明で終わってしまいますし、「専門書」は頭っから難しく、敷居も高くなっています。

ですから、**「ごく簡単な話から出発して、気がついたらいい線までたどり着いちゃった」**という本を作らなければならないと思って、本書を書くことにしたのです。

第1章では、会社の仕組みと会計の役割について、わかりやすい事例をふんだんに用いながら、中学生にも理解できるように丁寧に解説しました。

第2章では「貸借対照表」を、**第3章**では「損益計算書」を取り上げ、これまたやさしくやさしく解説しました。

第4章では、「損益計算書」を実際に読む場合の読み方について、何がわかるのか、どこを見ればいいのかといった実戦的な視点も加えながら解説しています。

同様に、**第5章**でも「貸借対照表」の実際の読み方を解説していますが、重要なポイントだけに絞っていますので、誰にでもすぐに実戦的な読み方ができるようになるでしょう。

第6章では、より深い理解のために不可欠と思われる「会計ルール」についてまとめています。「会計ルール」の話は、とかくややこしい話になりやすいものですが、きっと興味深く読み進めていただけることでしょう。

第7章では、本格的に決算書を分析するために財務分析の基礎を解説し、初めての人でも決算書を使いこなすことができるように、とくに分析結果がどんなことを意味しているのか、わかりやすく解説しています。

第8章では、キャッシュフロー計算書という画期的な決算書を取り上げていますが、重要でないことは思い切って割愛し、誰でも簡単にキャッシュフロー計算書を読めるようになる秘伝をご紹介しています。

まさに、少ない紙面で盛りだくさんの内容となっていますが、あなたのお役に立つことだけを考えて書いた本です。どうぞ、最後までお付き合いください。

これだけは
知っておきたい
「決算書」の
基本とルール

目次

目次

はじめに……3

第1章 決算書ってどんなもの？

❶「決算書」って、いったい何？……24
決算書は、会社が投資家に対して事業の状況を説明するための報告書
❷会社の本来の目的って何？……28
会社は、主として「いくら儲けたか」を決算書を使って報告する
❸利益の正体ってどんなもの？……32
元手が増加した部分、つまり資本の増加分のことを「利益」と呼ぶ
❹「最後」がないと「利益」を計算できない……36
儲け続けようとする「継続企業」の利益計算は、計算期間を区切るしかない

❺ お金以外の財産はどうやって報告する？……40
お金以外の財産も、原則として買ったときの値段をつけて計算する
❻ 利益だけを報告すればいいの？……44
将来予測には「過去にいくら儲かったか」という報告だけでは不十分
❼ 「財産法」だけでは利益を得た経緯がわからない……48
財産が増減した理由を記録する「損益法」という利益計算の方法もある
❽ どんなことに、どれくらいお金を使ったのか？……50
財産法と損益法を併用することで、投資家に対する情報提供は充実する
❾ 「貸借対照表」と「損益計算書」……52
2種類の利益計算の結果、2種類の報告書が作られる
コラム●金儲けは卑しくなんかない……54

第2章

貸借対照表の基本の「き」

❶「貸借対照表」ってどんなもの？……56
貸借対照表は「資産」「負債」「純資産」の3つの部分に分類されている

❷「資産の部」には何が書かれているの？……58
「資産の部」は会社財産の目録であるが、これだけでは会社の状況を把握できない

❸「負債の部」「純資産の部」にあるものは？……60
「負債の部」は返済が必要な調達、「純資産の部」は返済不要の調達を表している

❹貸借対照表で見る「調達」と「運用」の流れ……62
「資産の部」は調達したお金が姿形を変えた結果、つまり「資本の運用形態」を示す

❺「流動資産（負債）」「固定資産（負債）」とは？……66
貸借対照表では、「資産」「負債」を短期のものと長期のものとに分けている

❻「短期」と「長期」の境目は？……68
「ワン・イヤー・ルール」と「正常営業循環基準」によって分類される
コラム●決算書に表れない財産……70

第3章

損益計算書の基本の「き」

❶「収益」や「費用」ってどんなもの？……72
財産の増加理由を「収益」と言い、財産の減少理由を「費用」と言う
❷「収益」や「費用」を計上するタイミングは？……74
期間損益計算の適正化のため、収益・費用の認識は「発生主義」にもとづいて行われる
❸科目はどんなふうに分けられている？……78
収益や費用の科目は大まかにグルーピングされている

❹ 段階利益ってどんなもの？ …… 80
損益計算書は収益や費用を性質にもとづいて分類し、段階的な利益が計算されている

❺ 一番最初に注目してほしい「経常利益」 …… 82
経常利益は、臨時的な損益の影響を除いた「会社の稼ぐ能力」を表している

❻ 「営業利益」ってどんなもの？ …… 84
営業利益は、その会社の本業からの利益を表している

コラム● ブツ切り計算の限界 …… 86

第4章 損益計算書の読み方の基本

❶ 費用として差し引ける売上原価は？ …… 88
当期の売上高に対応しない費用は当期の利益計算から除かなくてはならない

❷ 売れた分の仕入れは費用にできる……90
費用として認識できる売上原価は売れたものに対してだけ
❸ 売上高と売上原価の「個別対応」の計算方法……92
当期の仕入分から期末の売れ残りを差し引いて計算する
❹ 「販管費」はどうやって計上されるの？……94
販売費及び一般管理費と売上高との対応は「期間対応」といういい加減なもの
❺ 「営業利益」の本当の意味は？……96
営業利益は財務構造の影響を除いた、本業からの純粋な利益を表す
❻ 「営業外項目」とはどんなもの？……100
利息や配当など財務構造にかかわる損益の溜まり場
❼ 「特別利益」や「特別損失」とはどんなもの？……102
経常性が認められない特別利益や特別損失は損益計算書の最後で加減しておく

❽ 最終的な会社の利益は「税引後」……104
すべての計算の後、インカム・タックスを引いて「当期純利益」が計算される
コラム● 製造業と原価計算……106

第5章 貸借対照表の読み方の基本

❶ 貸借対照表のさまざまな項目……108
「資産」「負債」「純資産」の項目は性質の違いで分類されている
❷ 「現金・預金」の数字はどうやって読む?……110
現金や預金は、少な過ぎると危ないし抱え込んでいるのも非効率
❸ 「売上債権」の数字はどうやって読む?……112
売上債権は、取引先が破綻すれば回収不能になる危険性をはらんでいる

❹ 「有価証券」の数字はどうやって読む？……114
有価証券は保有目的によって分類され、時価で評価されることがある

❺ 「棚卸資産」の数字はどうやって読む？……118
在庫は単なる売れ残り。余計な経費の支出や品質劣化のリスクがつきまとう

❻ 「流動資産」の「その他」ってどんなもの？……122
流動資産の「その他」は、売上取引以外の債権や短期の費用性資産からなる

❼ 「固定資産」ってどんなもの？……124
固定資産は「長期にわたって使用する」ために保有する資産である

❽ 「固定資産」はどうやって読む？……128
有形固定資産や無形固定資産は、使用期間にわたって原価配分する

❾ 「減価償却」ってどんなもの？……130
有形・無形固定資産の原価配分は「時の経過」を基準として行われる

⑩「負債」はどうやって分類されている？……132
負債も正常営業循環基準とワン・イヤー・ルールで流動固定分類されている

⑪「借入金」はどうやって読む？……134
借入金が増えれば倒産のリスクも増えるが、事業発展のために必要でもある

⑫「純資産」ってどんなもの？……136
純資産は株主資本と利益の内部留保からなり、両者は厳格に区別される

コラム●「P／L」って何の話？……138

第6章

決算書を読むために知っておきたいルール

❶ 決算書の読み方の基本は「比較」……140
決算書は数字による報告書であるため、比較しながら読む

❷ 会計ルールとはどんなもの？……142
「一般に公正妥当と認められる会計慣行」が会計ルールの正体

❸ 会計処理には複数の方法が認められている……144
複数の処理方法が認められるために、「継続性の原則」が必要に

❹ 「繰延資産」は合理性を欠いている……148
繰延資産の妥当性は「会計慣行」としか言いようがない

❺ 「保守主義の原則」ってどんなもの？……150
保守主義は「悪い話こそ真っ先に」という報告の本質に根ざしたルール

❻ 「引当金」ってどんなもの？ …… 152
将来の費用や損失でも、要件を満たすなら前もって計上しなくてはならない

❼ 損益計算書のほうが重視されている …… 156
「業績報告」を重視するため、貸借対照表より損益計算書を厚遇

❽ 「時価会計」ってどんなもの？ …… 158
時価会計の導入で貸借対照表の財産計算という側面が充実してきた

❾ 会計に関する3つの法律は知っておこう …… 160
「会社法」「金融商品取引法」「法人税法」も知っておこう

❿ 「連結財務諸表」ってどんなもの？ …… 164
連結財務諸表の導入により、グループ会社間の利益調整は無意味になった

コラム● 財務会計と管理会計 …… 166

第7章

決算書の具体的な読み方

❶ 前期と当期を比較して読む……168
自社が成長しているかどうかは、時系列で比較する
❷ 規模の異なる会社を比較するには？……170
規模が違う会社の比較は、数値の大小ではなく「割合」を使う
❸ 儲けるのがうまいか下手かを分析する……172
会社の収益性は、運用利回りを示す資本利益率で表わされる
❹ 「収益性分析」から、会社の無駄がわかる……174
「売上高利益率」や「総資本回転率」から、経費や資産の無駄がわかる
❺ 「売上高利益率」でどんなことがわかる？……176
売上高利益率でどの経費が無駄なのかを具体的に特定できる

❻「資本回転率」でどんなことがわかる？……178
資本（資産）回転率でどの資産が無駄なのかを具体的に特定できる

❼倒産しないかどうかを分析する……180
「安全性分析」で会社の支払能力を調べる

❽短期の安全性と長期の安全性を分析する……182
「流動比率」で短期の安全性を、「自己資本比率」で長期の安全性を見極める

コラム●いつまでも『数字嫌い』とは言っていられない……186

第8章 キャッシュフロー計算書の基本

❶経常利益と株価はどんな関係？……188
会社の価値は利益獲得能力で決まるはずなのに、経常利益と株価は無関係

❽ 決算書は3つとも必要なもの
「損益計算書」「貸借対照表」「キャッシュフロー計算書」の3つをバランスよく……204

おわりに……206

索引……213

装　丁／藤瀬和敏
編集協力／㈲クラップス
デザイン・DTP／伊藤淳子
イラスト／MICANO

第 1 章

決算書って どんなもの？

1 「決算書」って、いったい何？

決算書は、会社が投資家に対して事業の状況を説明するための報告書

「決算書」を理解するためには、「会社」や「事業」というものを理解する必要があります。なぜならば、決算書は事業活動についてまとめた「報告書」だからです。

株式会社を例に説明しましょう。株式会社とは、多くの投資家が資本を拠出することで大きな事業資金を作り、これを使って事業で儲けて、その「儲け」を投資家に分配するという仕組みです。

たとえば、「これからの時代は電気自動車が儲かりそうだ」と思ってみても、一般の素人がそんなビジネスを簡単に始められるわけではありません。

ところが、株式会社の仕組みを利用すれば、お金さえ持っているのならば、電気自動車の事業をやっている会社の株を買って株主になることで、その事業から得られる儲けの分配を受けることが可能です。つまり、**株式会社は巨大な事業資金を、ごく一般の人々から集めるための仕組み**となるわけです。

そうは言うものの、投資家からしてみれば、自分が投資した事業が順調に儲かっている

本来の株式会社の仕組み

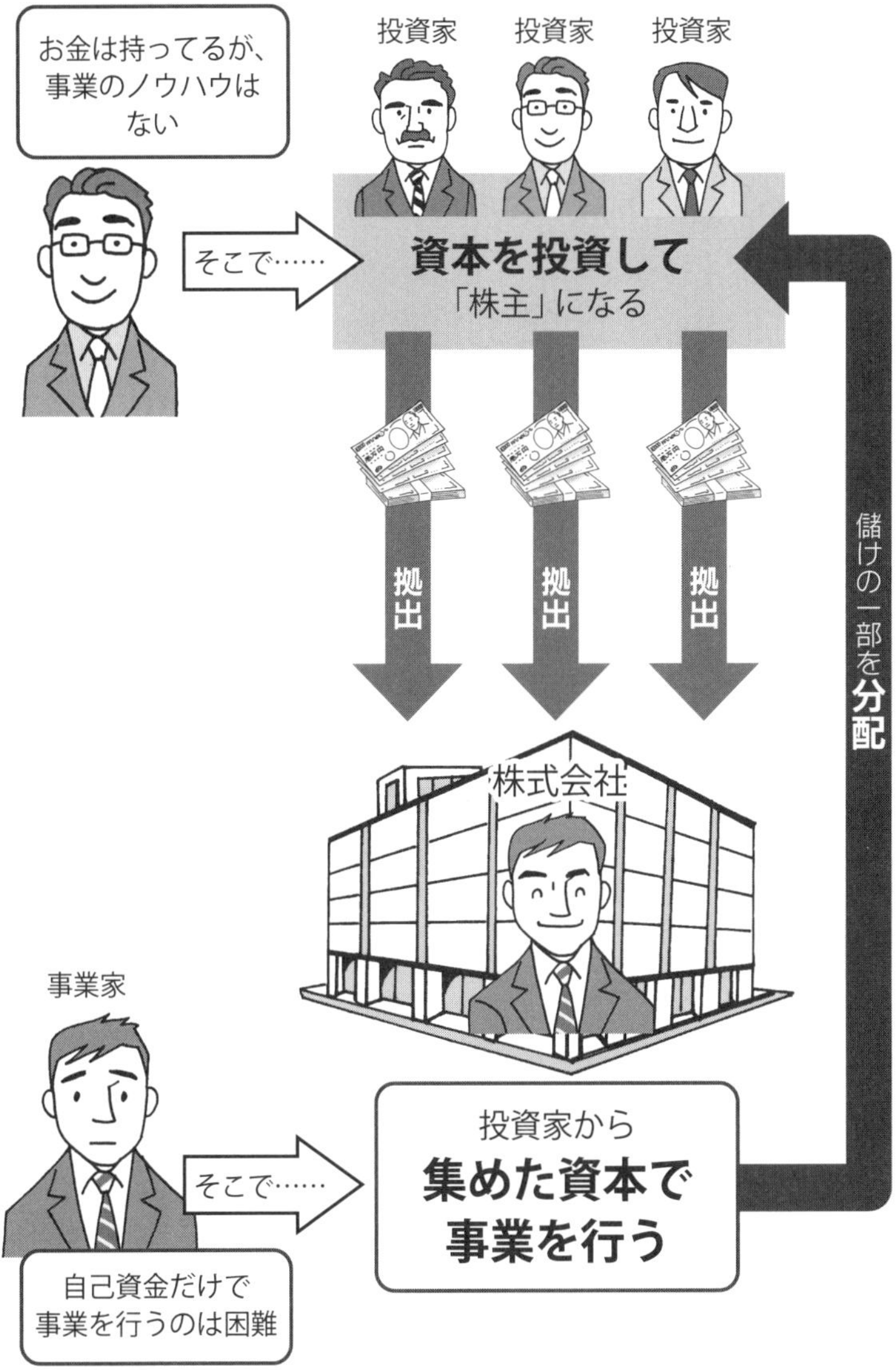

お金は持ってるが、事業のノウハウはない
投資家
投資家
投資家
そこで……
資本を投資して
「株主」になる
拠出
拠出
拠出
儲けの一部を分配
株式会社
事業家
そこで……
投資家から
集めた資本で
事業を行う
自己資金だけで事業を行うのは困難

かどうか気になって仕方がありません。もしも、儲かっていないのであれば、投資を引き上げて別の有望な会社に投資を乗り換えたいと思うでしょう。

ところが、事業というのはとても複雑なものですし、なにしろ投資家はその事業に関して素人です。そのため、事業の状態を知りたいと言っても、そうやすやすと情報が手に入るとも思えません。

◆「決算書」は株主への報告書

このため、株式会社は、自ら株主に対して事業の状況をわかりやすく説明しなければならない義務があると言えます。そして、その際に利用されるのが「決算書」にほかなりません。そういう意味で、**決算書は「報告書」**であると言えるのです。

さて、決算書が「報告書」であることはご理解いただけたと思いますが、このままでは、いったい何を報告すればいいのかがさっぱりわかりません。株主の方々が、会社について何を知りたいのか、どんなことを報告すればいいのか——こういう問題にぶち当たってしまいます。

この問題を解決するために、あなたに知っておいていただきたいことは、「会社の目的はいったいなんであるか？」ということです。

どうやって投資家に報告するか？

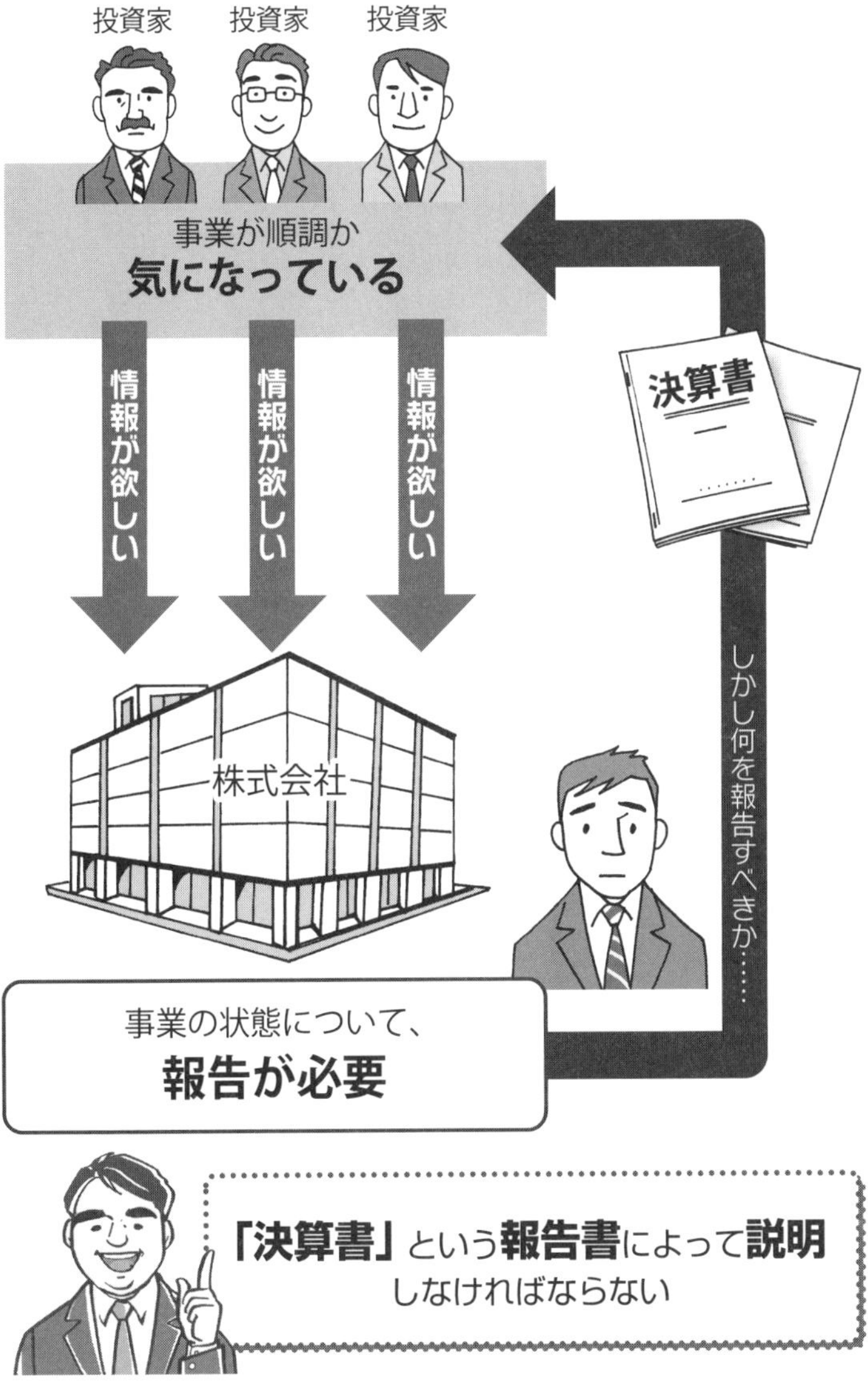
投資家
投資家
投資家
事業が順調か
気になっている
情報が欲しい
情報が欲しい
情報が欲しい
決算書
株式会社
しかし何を報告すべきか……
事業の状態について、
報告が必要
「決算書」という報告書によって説明
しなければならない

2

会社の本来の目的って何？

会社は、主として「いくら儲けたか」を決算書を使って報告する

会社の目的はいったい何か――それは、もしあなたが会社を設立するようなことがあるとすれば、それが「どのような場面であるか」をちょっとだけ考えていただくとわかりやすいです。おそらく、あなたが会社を作るとすれば、その目的は「商売をやる」ということではないでしょうか。もう少し格好よく言えば「事業を行う」という言い方もできますが、いずれにせよ**会社を作る主な目的は「金儲け」**ではないでしょうか。

株式会社を前提とするならば、じつは法律的に考えても、会社は「営利目的」というハッキリした目的のために設立が認められています。ようするに、金儲けです。反対の言い方をすれば、「金儲けしないんだったら、会社とか作らないでね」っていうほどハッキリしています。

そうなると、「**会社のさまざまな活動はすべて金儲けのため**」ということになります。従業員を大事にするのも、地域のために貢献するのも、文化や芸術にお金を使うのも、究極的には「それが、金儲けに結びつく」という考えだってことになっちゃいます。なんだ

本来の会社の目的

- 従業員を大切にする
- 地域に貢献する
- 文化・芸術にお金を使う

なども、**結局は儲けるため**

会社は、営利目的、つまり
「金儲け」をするために存在する

か息苦しい話ですが、少なくとも会計の世界ではそのような考え方をしなければなりません。

◆儲けはお金の単位で報告

会社の目的が金儲けである以上、株主を筆頭とした会社の利害関係者にとっても、最大の関心事は「儲かってますか」ということです。そして、その「儲け」のことを、しばしば**「利益」**と呼んでいます。

「利益」は金儲けの結果ですから、当然「いくら」というお金の価値として計算されることになります。

すなわち、「決算書」は、主として会社の**利益に関する情報をお金の単位によって報告する報告書**ということになるのです。

ところで、ひと口に「利益」と言いますが、果たして「利益」とは、いったい何者なんでしょうか――この「利益」というものの正体を明確に説明できる人は、そんなに多くいないかもしれません。

しかしながら、この使い古された「利益」という言葉の意味を、正確に理解していただかないことには話が始まりませんので、次項では「利益」の正体について説明しましょう。

投資家への報告はお金の単位で

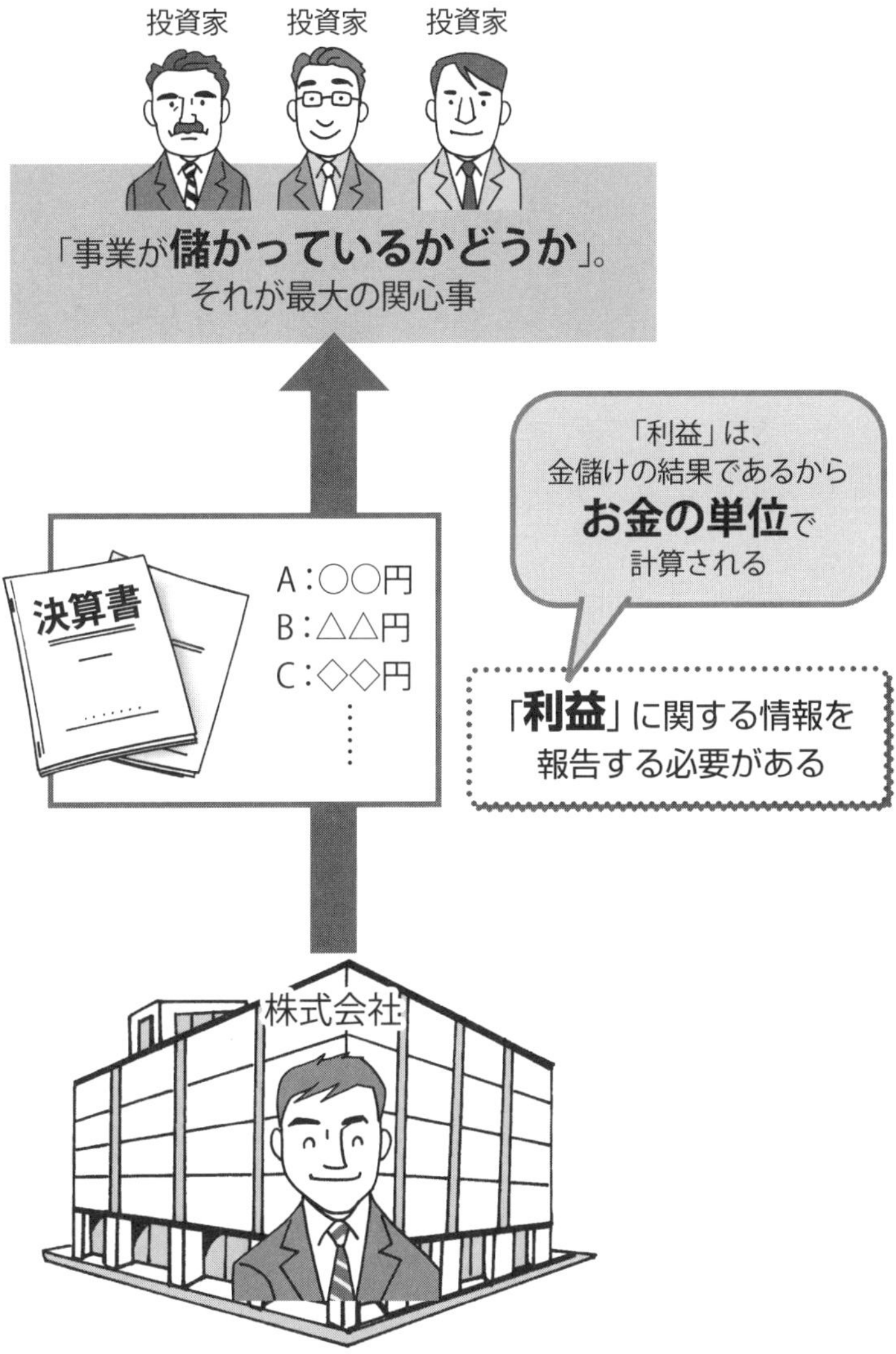

投資家
投資家
投資家
「事業が**儲かっているかどうか**」。
それが最大の関心事
「利益」は、
金儲けの結果であるから
お金の単位で
計算される
決算書
A：○○円
B：△△円
C：◇◇円
「**利益**」に関する情報を
報告する必要がある
株式会社

3 利益の正体ってどんなもの？

元手が増加した部分、つまり資本の増加分のことを「利益」と呼ぶ

「利益」の正体を知るために、ひとつのたとえですが、高校や大学の学園祭で焼ソバを売る屋台のことを考えてみましょう。

焼ソバの屋台をやるためには、いろいろなものを準備しなければなりません。鉄板も必要ですし、大きなヘラも必要です。大型のガスコンロも必要だし、紙のお皿もたくさん用意しなければなりません。包丁やまな板も必要でしょう。

ところが、学校には、そんなものが常備されているわけではありません。これらの道具は、どこからか買ってくるか、借りてくることが必要です。そして、野菜や肉、麺やソースなども仕入れてこなければなりません。ようするに、最初の段階でそれなりの金額のお金が必要になります。

この最初の段階で必要となるお金のことを、しばしば「**元手**」なんていう呼び方もしますね。

商売を始めるのに必要なものとは？

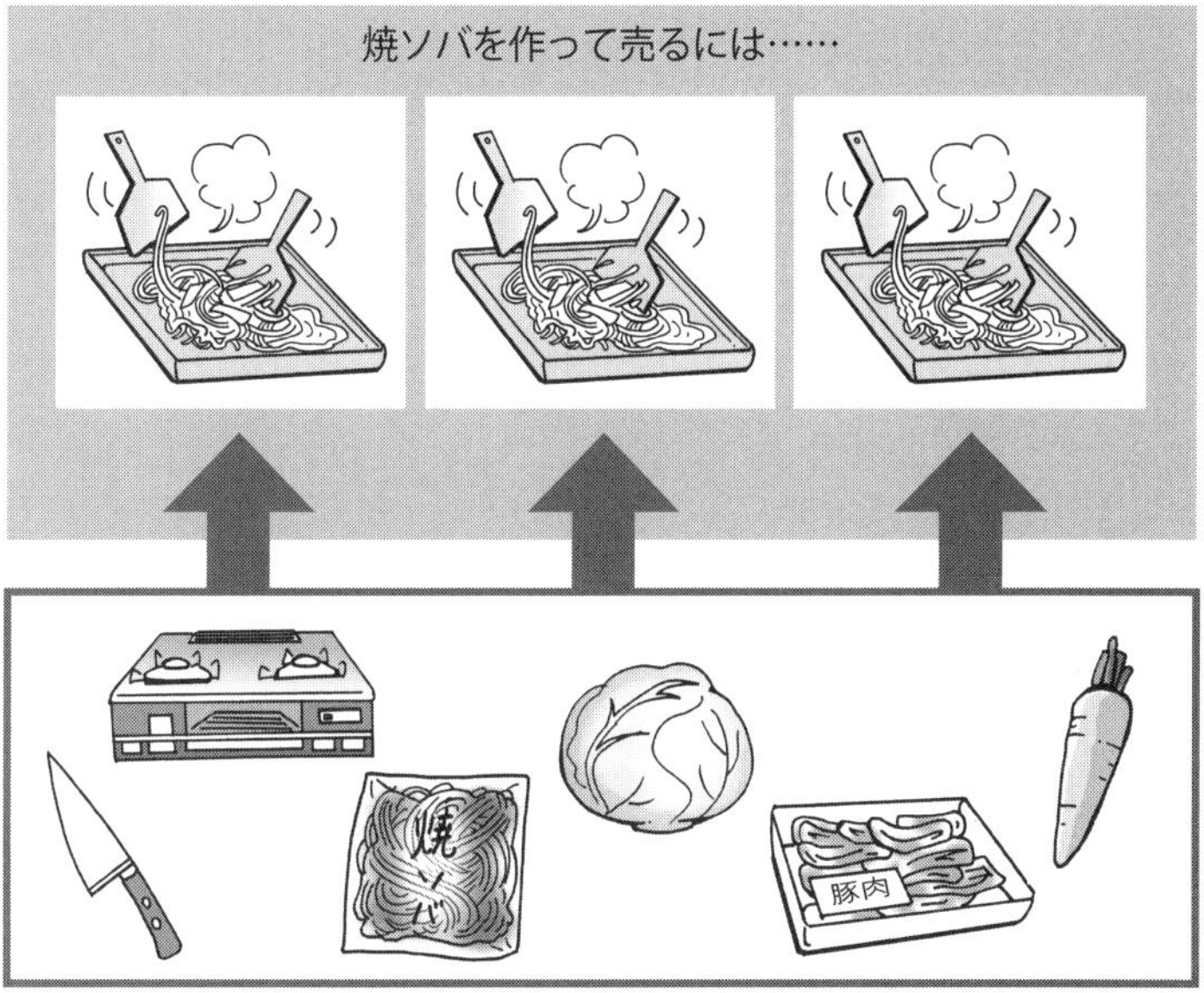

まず、調理器具を借りたり、食材を買ったりしなくてはならない

商売の最初の段階では、準備のためのお金、
つまり **「元手」が必要**になる

◆屋台の儲けはどうやって計算する？

さて、実際に学園祭で、かなりの焼ソバを売り上げることに成功したとしましょう。売れ残ったものや不要なものは、きちんと分別してゴミとして捨てます。もちろん、借りてきたものは返さなきゃダメです。そういう後片付けを完了させると、手元に残ったお金は、焼ソバの販売代金ということになります。

ここで利益を計算するとすれば、あなたはどうしますか——正解は、「手元に残ったお金から『元手』を引く」です。そして、それがプラスであれば「儲かった」ことになり、マイナスであれば「損をした」ことになります。

この「儲かった」分のことを「利益」と言います。この計算方法は、焼ソバだろうが、焼トウモロコシだろうが、もちろん同じです。

つまり、商売の途中経過、紆余曲折《うよきょくせつ》は多々あれど、「**『利益』は、最終的に手元に残ったお金から元手を差し引いたもの**」ということです。これを、しっかり肝に銘じておいていただきたいと思います。

ところで、会計や経済の世界では、元手のことを「資本」と呼ぶことがあり、それを使って言い換えれば、「利益」とは「**資本の増加分**」であるということになります。少しだけ格好よくなりますね。

利益は、どうやって計算するのか？

利益を計算するには、

最後に手元に残ったお金から、元手を引けばいい

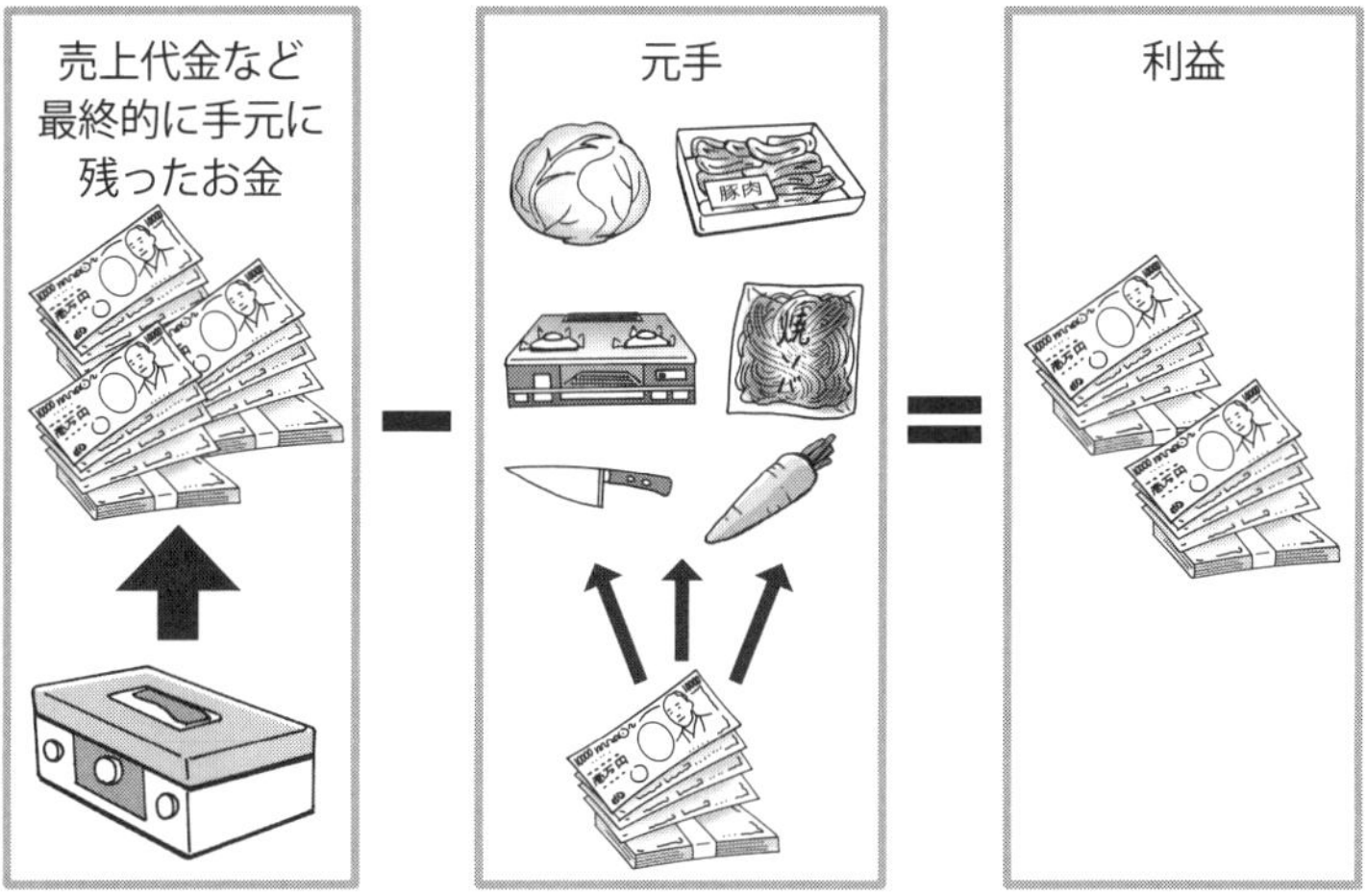

売上代金など最終的に手元に残ったお金
元手
豚肉
利益

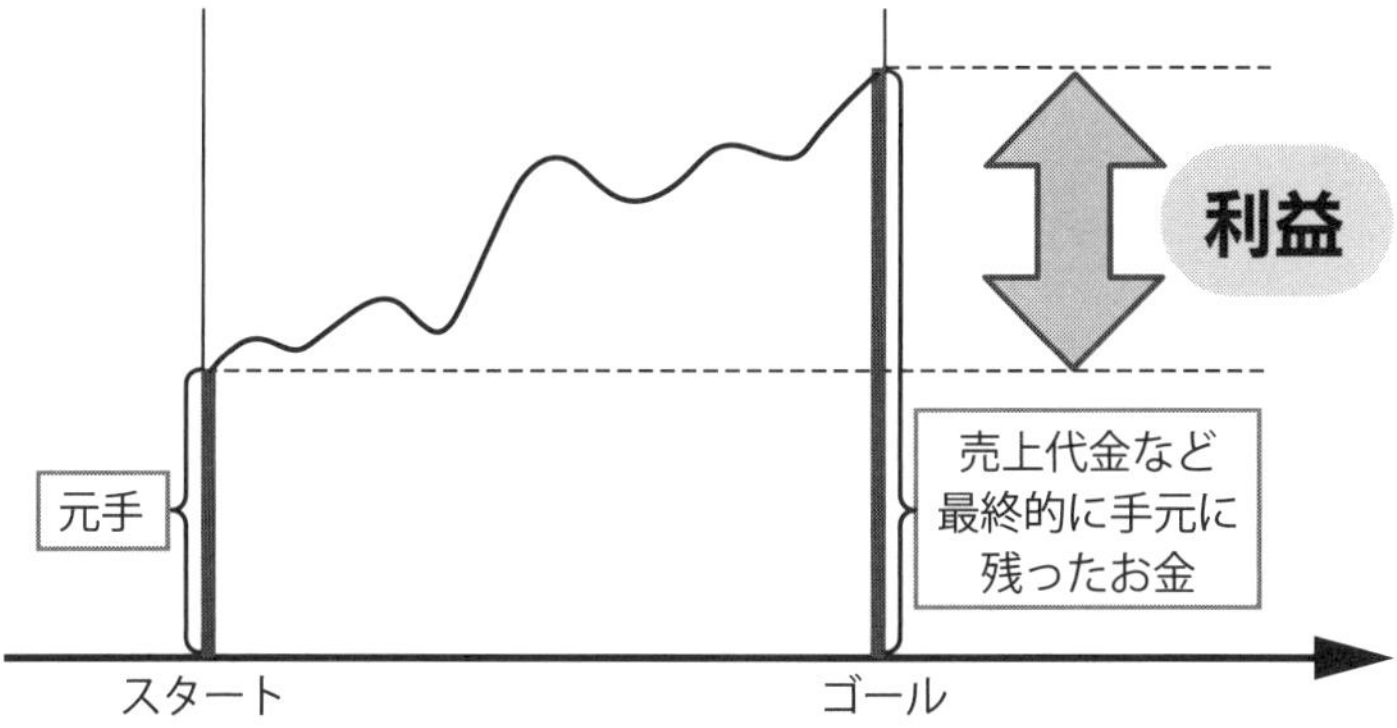

利益
元手
売上代金など最終的に手元に残ったお金
スタート
ゴール

会計や税務の世界では、元手のことを「資本」と呼ぶ。
つまり、**利益とは「資本の増加分」**である

4

「最後」がないと「利益」を計算できない

儲け続けようとする「継続企業」の利益計算は、計算期間を区切るしかない

「なんだ、利益の計算なんて簡単じゃないか」と思ったかもしれませんが、じつは、もう少し面倒なことがあります。

学園祭の焼ソバ屋台の利益計算はあっけないほど簡単でした。ところが、同じ焼ソバ屋でも、最近、流行のフードコートでは勝手が違います。

フードコートとは、百貨店やスーパーにある食堂コーナーですが、この場合の問題はフードコートの焼ソバ屋は**「常設」**だってことです。学園祭のような短期決戦ではなく、もっともっと長い期間で商売をやります。

そうすると、利益計算で肝心な**「最後に手元に残ったお金」が計算できません**。もちろん、レジの中には販売代金としてお金が残ってはいるでしょう。ところが、最大の問題は「最後に」っていうところです。

ずっと商売を続ける以上、「最後」っていう考え方はありません。「最後」がない以上、「最後」を待っていては、いつまで経っても利益を計算することができないのです。

会社には「最後」というものはない

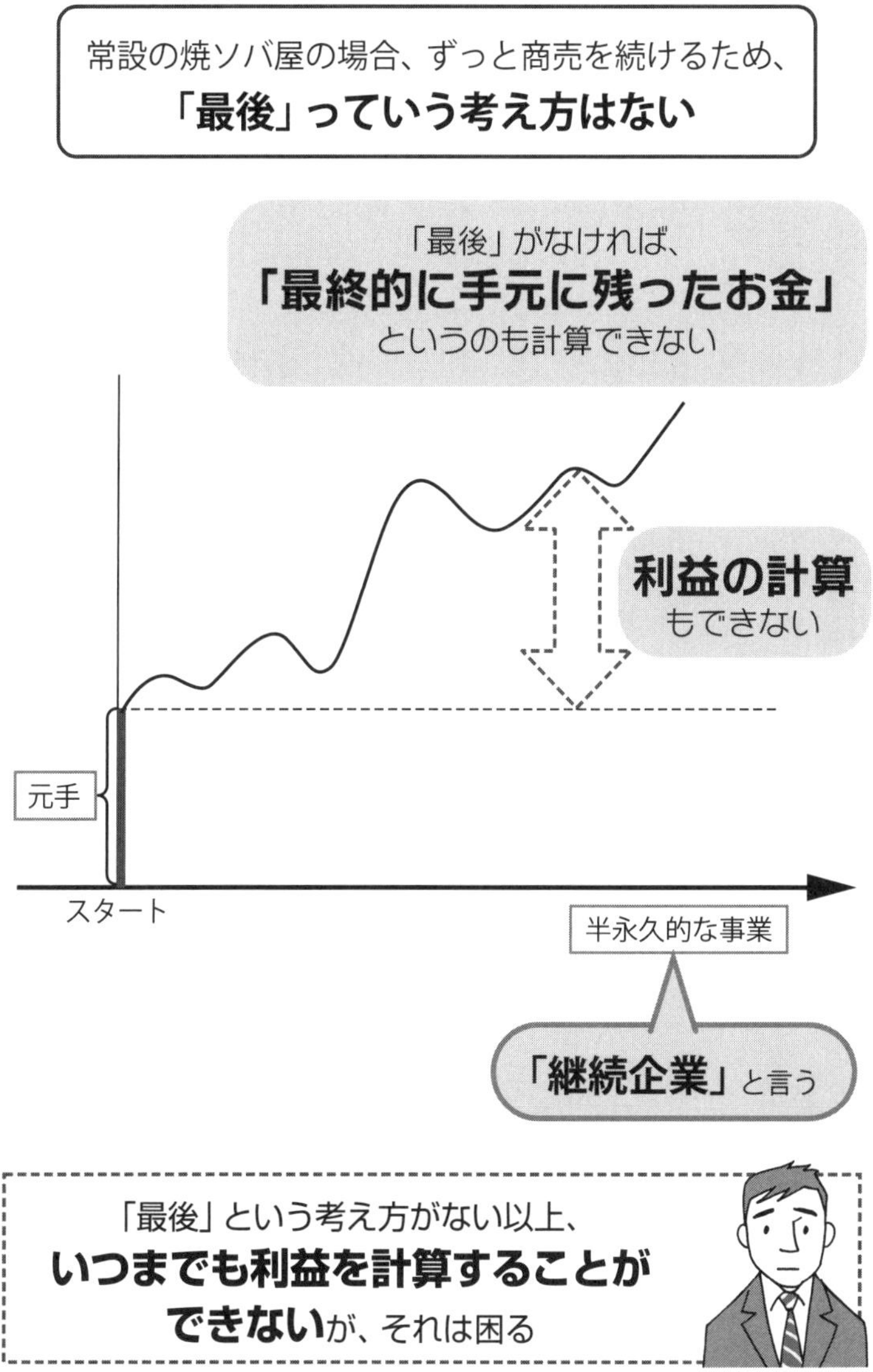
常設の焼ソバ屋の場合、ずっと商売を続けるため、
「最後」っていう考え方はない
「最後」がなければ、
「最終的に手元に残ったお金」
というのも計算できない
利益の計算
もできない
元手
スタート
半永久的な事業
「継続企業」と言う
「最後」という考え方がない以上、
いつまでも利益を計算することができないが、それは困る

しかし、いつまでも、会社が儲かっているかどうかがわからないのでは困ります。会社へ出資した人たちは、会社の儲けの中から分け前をもらうことを楽しみに待っています。「まだ途中なんで、利益の計算はできませ〜ん」なんていう言い分が通るわけもないのです。そして、大事なことは現代企業のほとんどすべては、この「最後」というものを想定して事業を行ってはいないことです。可能な限り長く、できれば半永久的に事業を続けて、儲け続けようと考えています。このような会社のことを「**継続企業**」と言います。

つまり、「継続企業」の利益計算には、ちょっとした工夫が必要となるわけです。

◆「継続企業」の利益はどうやって計算する?

「継続企業」の利益を計算できない理由は、「最後」がないからでした。しかし、背に腹は変えられません。なんとしても利益を計算し、報告しなければなりません。

そうなると、この場合の利益計算は「最後に」ではなく、「これまでに」といったような計算とせざるを得ません。最後がない以上、途中の利益を計算するわけです。

このように、「最初から最後まで」ではなく、期間を区切って「いつからいつまで」という一定の期間について利益を計算する方法を「**期間損益計算**」と言います。そして、「継続企業」の利益計算は、この「期間損益計算」によることとなるのです。

利益を計算するために期間を区切る

企業のほとんどすべては、「最後」という考え方はなく
「継続企業」として半永久的に儲け続けようと考えているが……

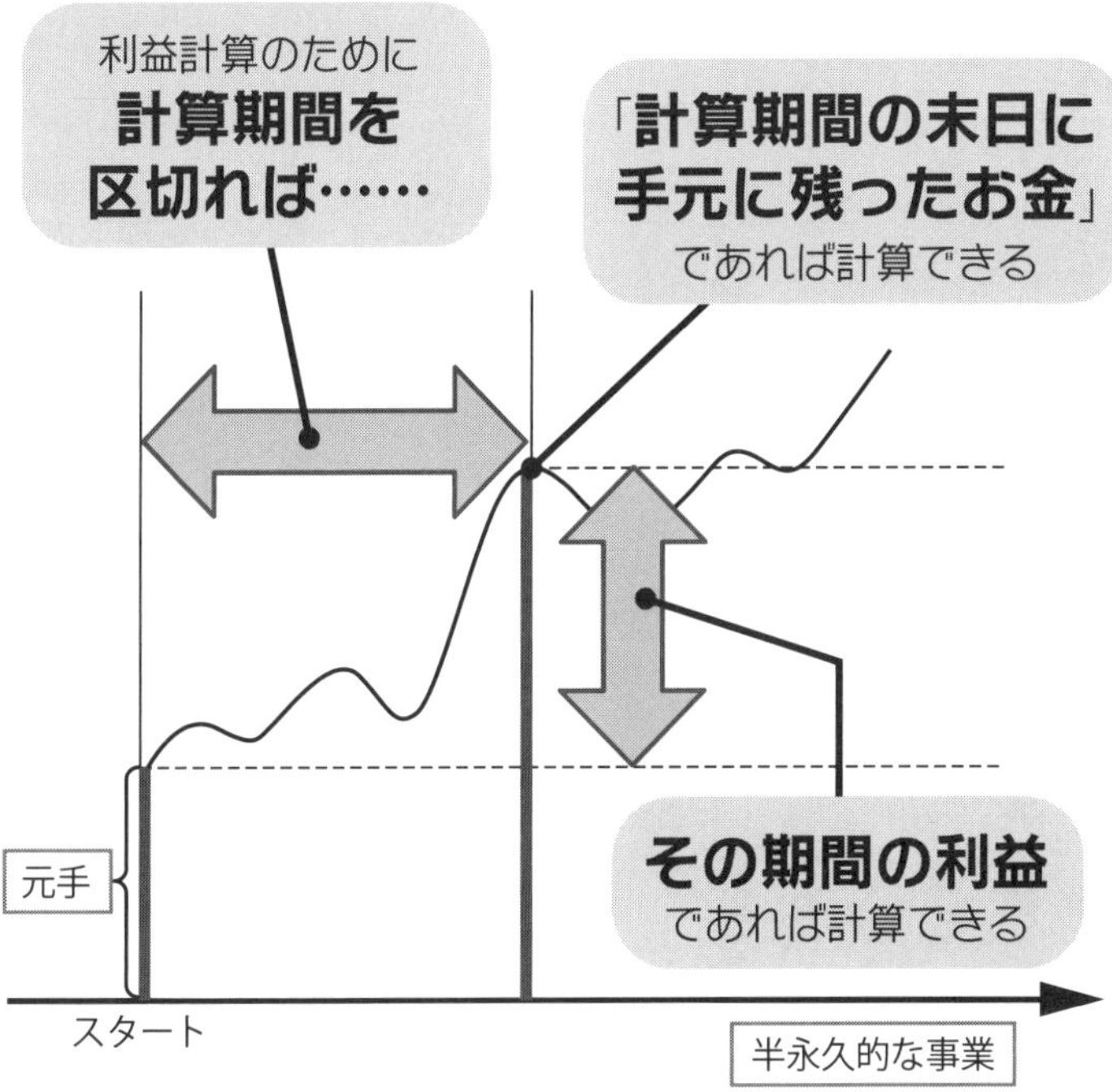
利益計算のために
計算期間を
区切れば……
「計算期間の末日に
手元に残ったお金」
であれば計算できる
その期間の利益
であれば計算できる
元手
スタート
半永久的な事業

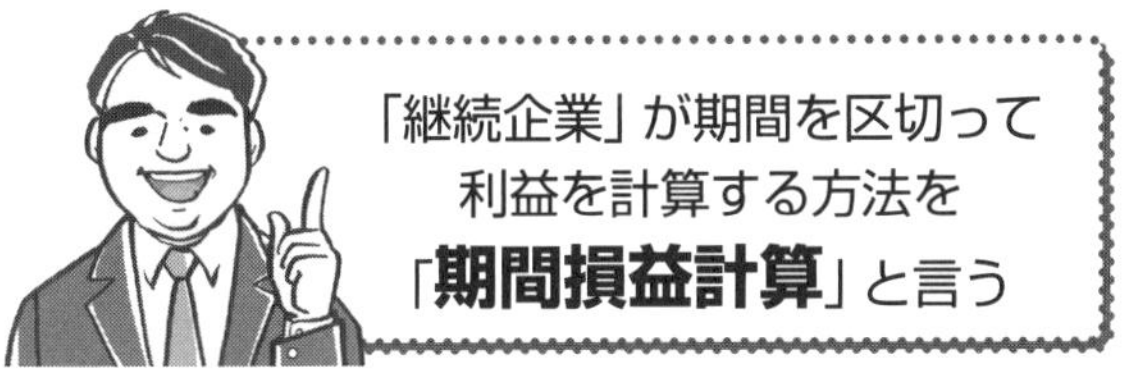
「継続企業」が期間を区切って
利益を計算する方法を
「期間損益計算」と言う

5 お金以外の財産はどうやって報告する？

お金以外の財産も、原則として買ったときの値段をつけて計算する

「継続企業」の利益計算は、事業の「最後」がないという理由から「期間損益計算」とならざるを得ません。

しかし、この問題よりも、さらに面倒な問題があります。と言いますのも、フードコートの焼ソバ屋は、学園祭と違って、長い商売を考えていますから、ガスコンロや鉄板を借りてくるなんてことはせず、全部の道具を購入して揃えちゃいます。借りてきた道具は返却すれば終わりですが、購入した道具はそう簡単にはいきません。

「これまで」の利益を計算したくても、手元に残った財産はお金だけじゃなくて、ガスコンロや鉄板といった道具や、明日以降に使用する予定の食材までも含まれてしまうことになります。

これまでにお話をしてきた利益計算の仕組みは、「資本の増加」をお金として計算するというものでした。しかし、**お金以外の財産が手元に残っている**状態のとき、利益を計算する都合だけで、これらを換金処分してお金に変えるなんていう手間もかけられません。

利益を計算するためだけに換金はできない

「計算期間の末日に手元に残ったお金」
を計算するためには……

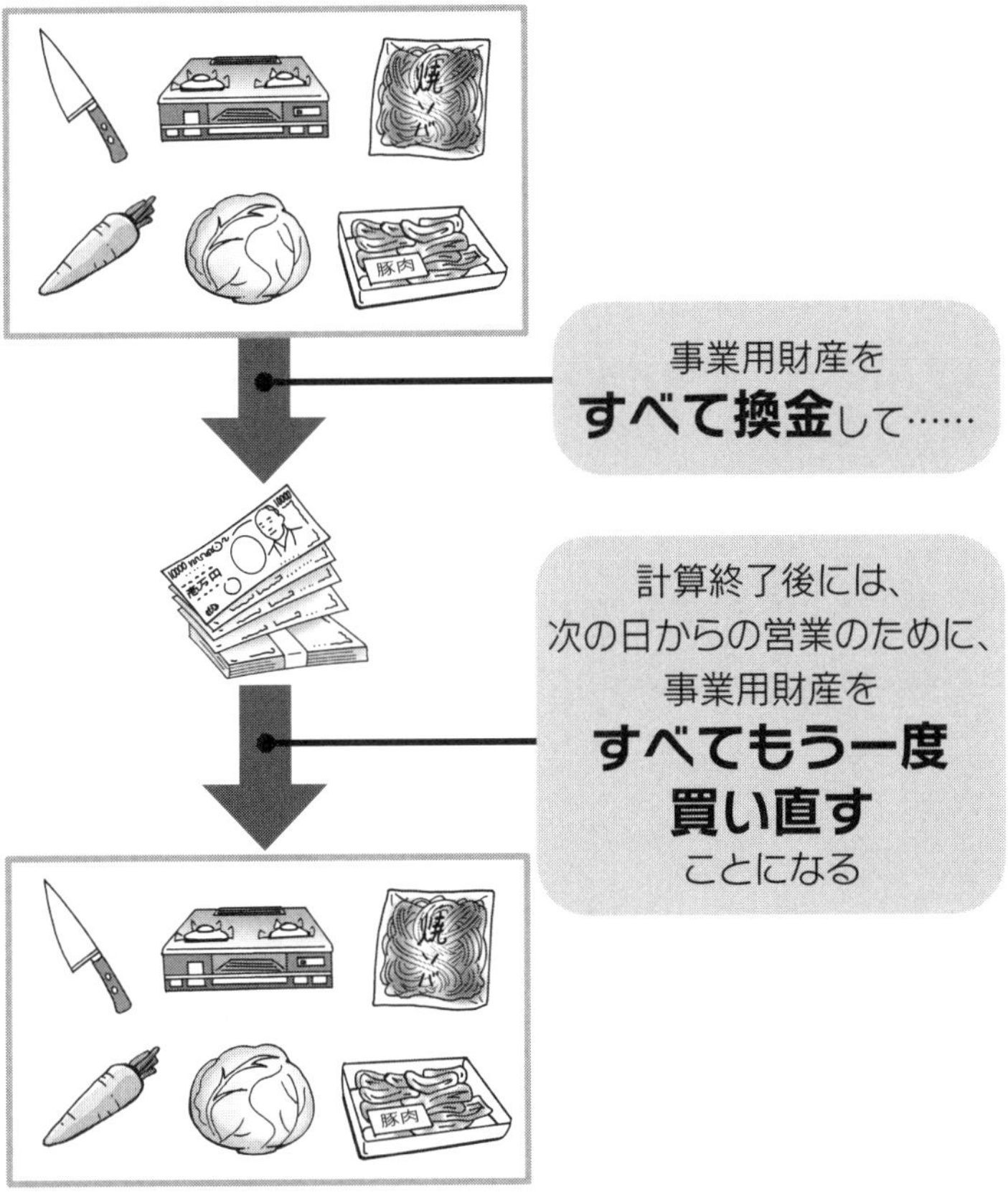
豚肉
事業用財産を
すべて換金して……
計算終了後には、
次の日からの営業のために、
事業用財産を
すべてもう一度
買い直す
ことになる
豚肉

「期間損益計算」を行うためだけの理由で
こんなに面倒くさいことはできない。
困った……

では、具体的にどのようにすればいいのでしょうか――答えは、お金以外の財産も計算上は値段をつけてあげることです。

たとえば、このガスコンロは10万円、この鉄板は3万円といったように、お金の単位で評価してあげるのです。そうすれば、手元の現金や預金とあわせて、その合計が財産の総額となりますので、利益が計算できることになります。

つまり、「継続企業」の利益計算における第2の問題は、**事業用の財産に値段をつけなければならない**ことです。

◆どんな方法で財産を評価するのか?

ものの値段には、さまざまな考え方があります。今、売ったとしたらいくらで売れるかという考え方もありますし、今もう一度買うとしたらいくらで買えるかという考え方もあります。もちろん、買ったときの値段のままにしておくというのも、ひとつの方法です。

そして、現行の会計ルールでは最後の方法、つまり「**買ったときの値段**」を基礎とした計算をすることになっています。これを「**取得原価主義**」と言います。

ただし、最新の会計ルールでは、換金価値を時価とした会計手法も取り入れられ、少し複雑になっています。このことについては、もっと後のほうでゆっくり説明しましょう。

計算するときに値段をつける

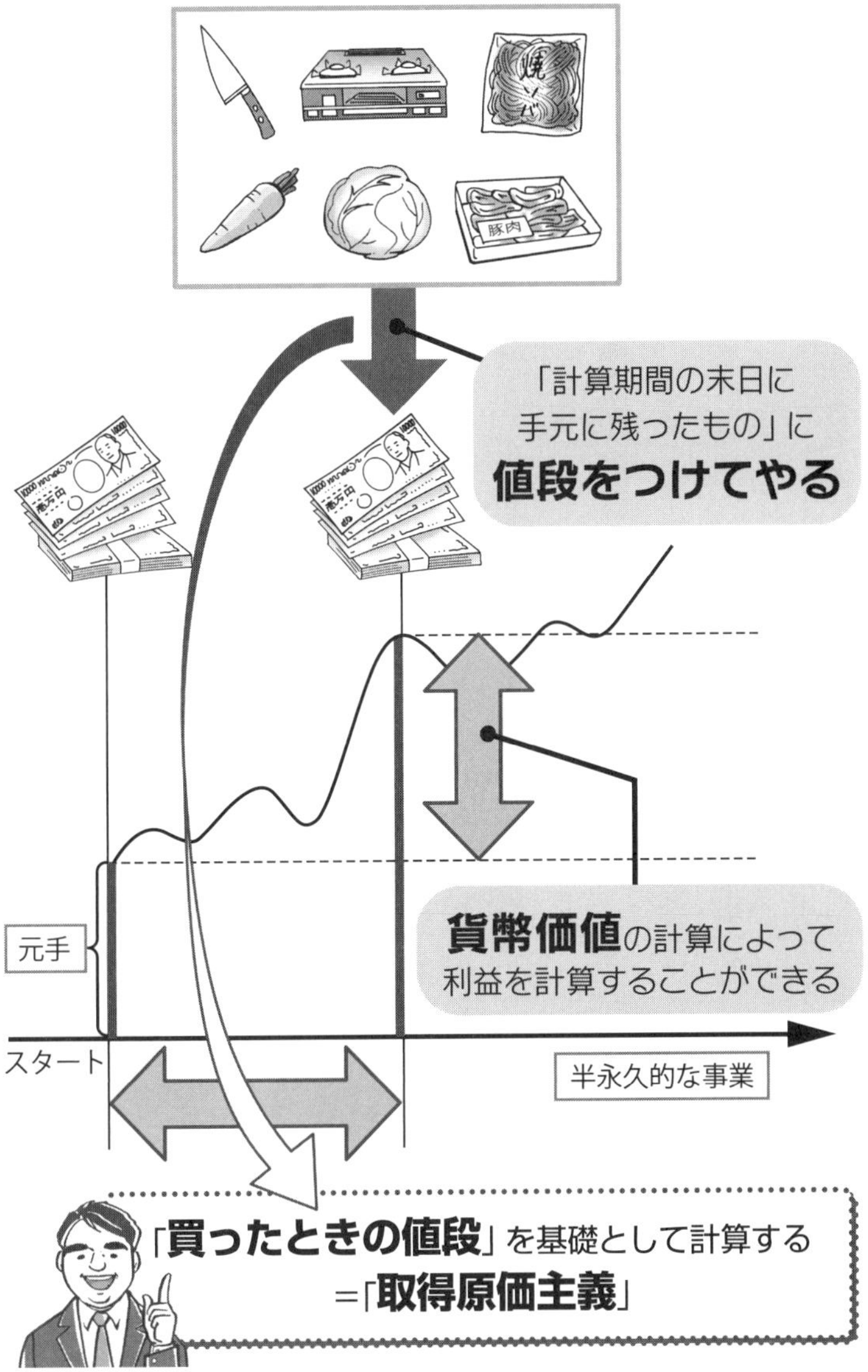
焼ソバ
豚肉
「計算期間の末日に
手元に残ったもの」に
値段をつけてやる
元手
スタート
半永久的な事業
貨幣価値の計算によって
利益を計算することができる
「買ったときの値段」を基礎として計算する
=「取得原価主義」

6 利益だけを報告すればいいの？

将来予測には「過去にいくら儲かったか」という報告だけでは不十分

ここでもう一度、決算書は「会社の状態についての報告書である」という話を思い出してください。出資者は、自分たちの預けたお金の運用が順調に行われているかどうかを知りたいということでした。だからこそ「利益」を計算し、報告するってことでしたが、もう少し深く考えてみる必要があります。

と言いますのも、このような決算書による利益の報告というのは、残念ながら「**これまでの業績**」に過ぎません。ようするに、済んだ話、過去の話です。

◆将来を予測するための情報が欲しい

ところが、出資者にとって大事なことは、この自分の出資を続けておくべきか、それとも別の投資先に変えるべきかという判断です。つまり、**将来予測**という要素が大切になってきます。

もしも、利益だけを報告されていれば、将来予測も何もあったものではありません。「昨

利益だけの報告では不十分

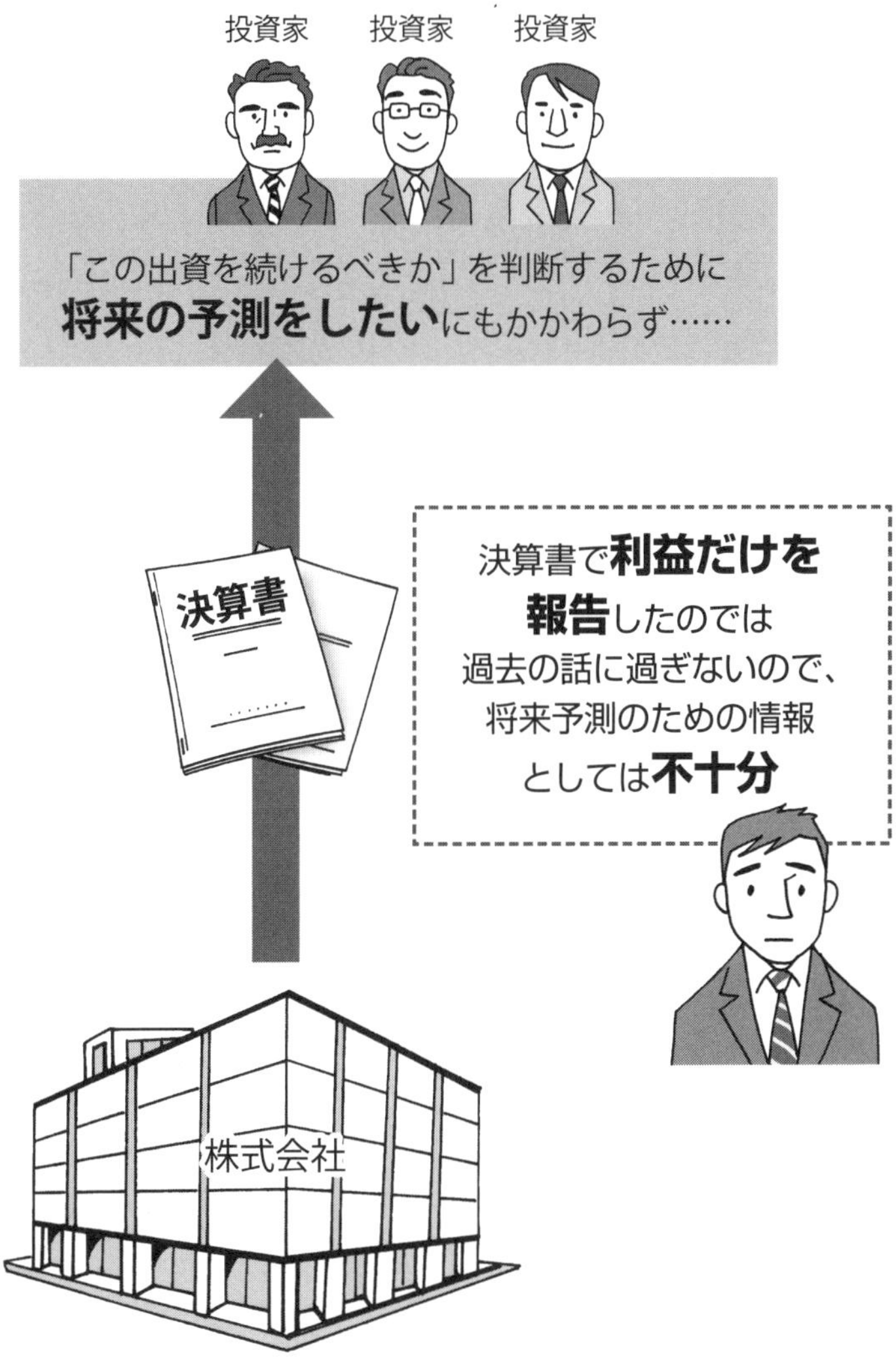

投資家
投資家
投資家
「この出資を続けるべきか」を判断するために
将来の予測をしたいにもかかわらず……
決算書
決算書で利益だけを報告したのでは過去の話に過ぎないので、将来予測のための情報としては不十分
株式会社

年は儲かったから、今年も来年も儲かるだろう」なんていう雑な考え方しかできなくなってしまいます。

ようするに、**「儲かったか、どうか」という報告だけでは、致命的に情報が足りない**のです。

たとえば、子供が縁日に出かけるとしましょう。小さな財布の中に1000円札を1枚入れて、「遅くならないうちに帰るんだよ」なんて言いながら送り出します。

数時間後に、子供が帰ってきたので財布の中身を確かめると、なんと1円も入っていません。そのときに何がわかるかと言えば、「1000円まるまる使ったな」ということでしかありません。

でも、親というのは、いろいろと余計な心配もします。「いったい、どんなことにお金を使ったんだろう。変なものは食べてないか。悪い遊びはしてないか……」。挙句の果てには「よその乱暴な子供に、お金を巻き上げられていないか」——そんなことまで心配になります。

ところが、この財布の中身を確認しただけでは、そういう詳しいことは一切わかりません。「1000円まるまる使った」ということ以外に情報がないわけです。

私が言いたいことは、ようするに会社が計算する利益なんていうものはこの程度のものだってことです。そして、この程度の報告では話にならないということです。

「儲かったかどうか」だけでは情報が足りない

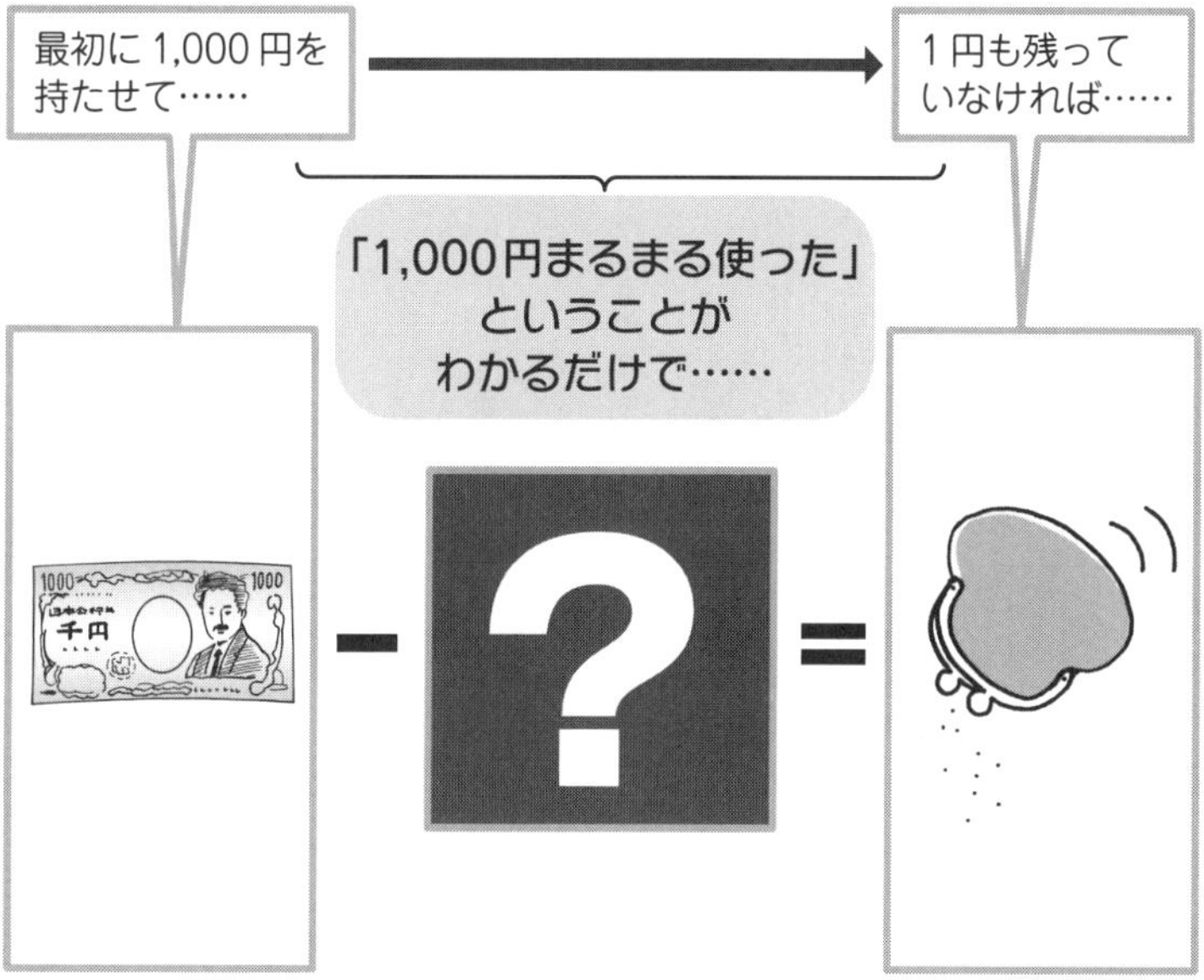
最初に 1,000 円を持たせて……
1 円も残っていなければ……
「1,000円まるまる使った」ということがわかるだけで……
1000
千円
?

一体子供が**何に使ったのか、まったくわからない……**
りんご飴
焼

「儲かったかどうか」という報告だけでは
致命的に**情報が足りない**

7

「財産法」だけでは利益を得た経緯がわからない

財産が増減した理由を記録する「損益法」という利益計算の方法もある

これまで説明してきた利益計算は、ある時点における財産の総額を比べ、その差し引きによって利益を計算するもので、この方法を「**財産法**」による利益計算と言います。

しかし、この「財産法」による利益計算には、縁日に出かけた子供の財布と同じように、「どんなことに、どれくらいお金を使ったのか」ということが、まったくわからないという大きな欠点があります。

そして、もしも利益獲得の経緯など、より詳しい情報が必要であるならば、この「財産法」に代わる、もっと別の利益計算の方法が必要となるでしょう。

そこで考案されたのが「**損益法**」と呼ばれる利益計算の方法です。

「損益法」による計算では、まず財産の増加や減少があったとき、その都度、その増減の理由を記録しておきます。この場合、財産が増加した理由のことを「**収益**」と呼び、財産が減少した理由のことを「**費用**」と呼びます。「損益法」による利益計算は、この「収益」から「費用」を差し引くこととなります。

財産法と損益法の違い

縁日に出かける前と、出かけた後の財布の中身の差引で利益計算することを「**財産法**」による利益計算と言う

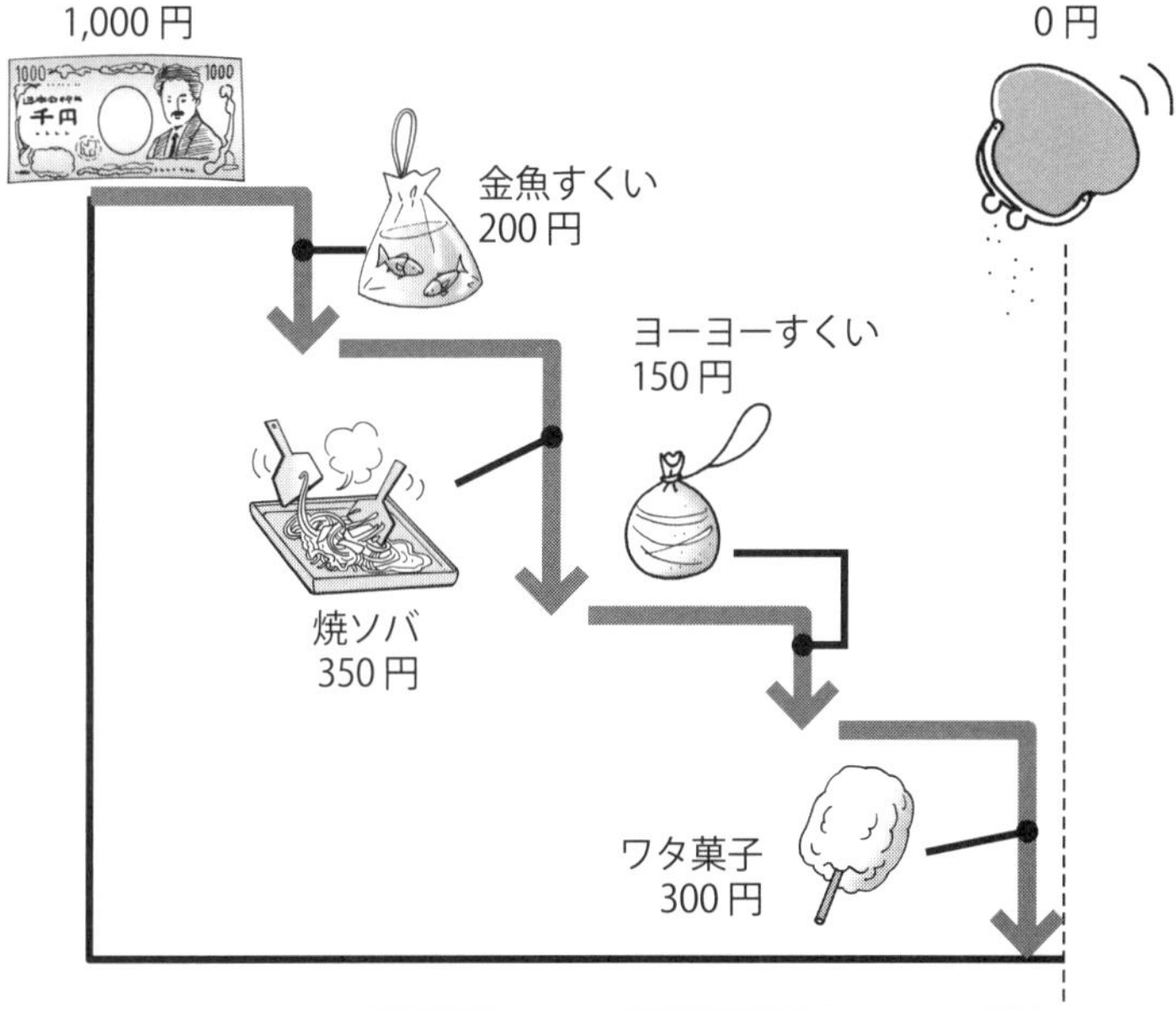
1,000円
0円
金魚すくい
200円
ヨーヨーすくい
150円
焼ソバ
350円
ワタ菓子
300円

どんなことに、どれくらいお金を使ったのか、財産の増加や減少があるたびに記録して利益計算することを「**損益法**」による利益計算と言う

「損益法」による計算では、財産の増加理由を「**収益**」、減少理由を「**費用**」と呼び、この**収益から費用を差し引いて「利益」を計算する**

8 どんなことに、どれくらいお金を使ったのか？

財産法と損益法を併用することで、投資家に対する情報提供は充実する

「損益法」を利用すれば、「どんなことに、どれくらいお金を使ったのか」という疑問に答えることができます。

たとえば、仕入れを行うたびに支払った金額を記録しているわけですから、今月の仕入高はいくらであるか、あるいは今年1年間の仕入高はいくらであったかということを集計することも可能です。

同じ要領で、交通費にいくら使ったのか、通信費にいくら使ったのかというように、それぞれのお金の使い道ごとに金額を集計することができるわけです。

「損益法」は、すべての**財産の増減を、その都度、漏れなく記録**するわけですから、その増減を差し引いた最終的な「資本の増加」額、つまり利益は「財産法」の場合と当然一致することになります。ようするに、**「財産法」と「損益法」、両者の利益計算の結果に変わるところはありません**。しかし、「損益法」を利用することで、利益計算に関する情報量は飛躍的に増えることとなるのです。

「財産法」と「損益法」の併用

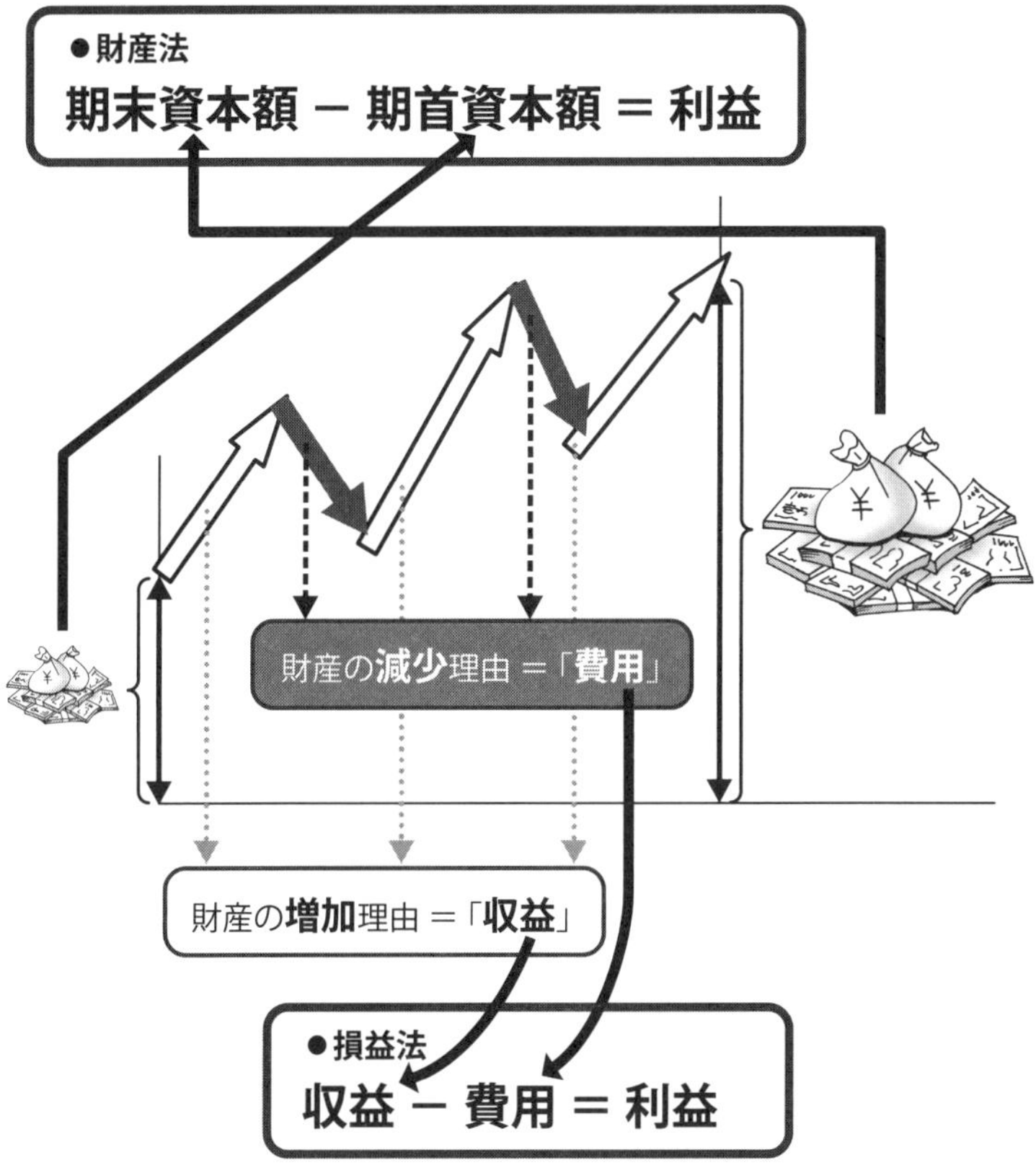
●財産法
期末資本額 − 期首資本額 ＝ 利益
財産の減少理由 ＝「費用」
財産の増加理由 ＝「収益」
●損益法
収益 − 費用 ＝ 利益

「財産法」と「損益法」の、
２つの計算方法による**利益の額は、当然一致**する。
「財産法」と「損益法」を併用することで
利益計算に関する情報は飛躍的に増える

9

「貸借対照表」と「損益計算書」

2種類の利益計算の結果、2種類の報告書が作られる

ここまで長々と利益計算の方法について説明してきましたが、本書のテーマは「決算書」ですから、そろそろそちらの話に入っていかなければなりません。

じつは、「財産法」と「損益法」という2通りの計算方法から、決算書の中心となる重要な報告書類が2つ作成されることになります。

まず、「財産法」による利益計算ですが、こちらは、ある一定の時点を計算の締め切りと定めて、その時点における財産の総額を「取得原価」を基礎として集計しなければなりません。このため、現金がいくら、預金がいくら、はたまた商品在庫がいくら、建物がいくら、といったようにその内訳について集計表を作成し、これを報告することとなります。

このような書類を「**貸借対照表**」と言います。

一方、「損益法」による利益計算では、一定の期間について、どのようなものにいくらのお金を使ったのかということが集計されています。これらを集計表にまとめて報告する書類を「**損益計算書**」と言います。次章以降で詳しく解説しましょう。

「貸借対照表」と「損益計算書」の併用

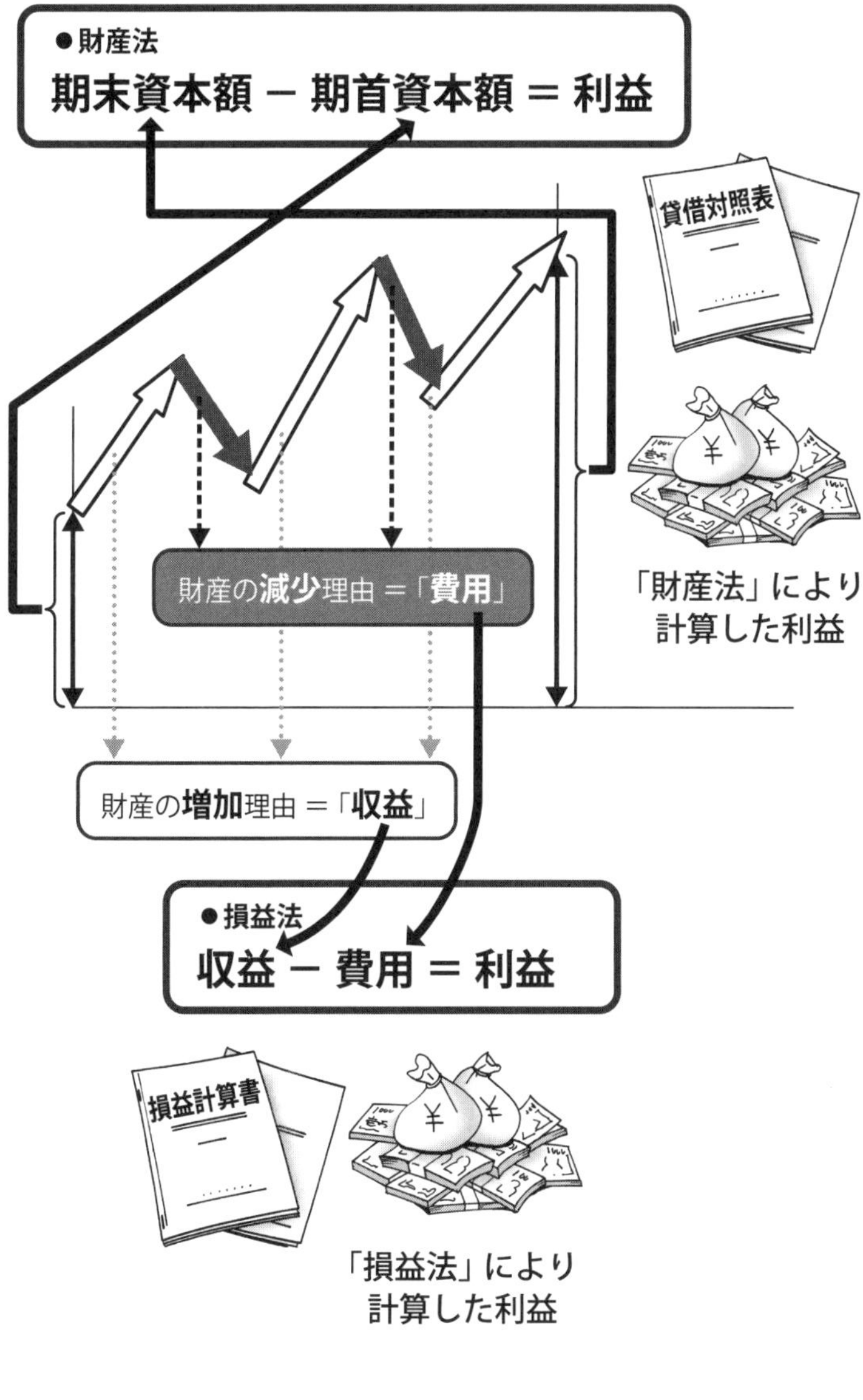

●財産法
期末資本額 − 期首資本額 ＝ 利益
貸借対照表
財産の減少理由 ＝「費用」
「財産法」により
計算した利益
財産の増加理由 ＝「収益」
●損益法
収益 − 費用 ＝ 利益
損益計算書
「損益法」により
計算した利益

コラム 金儲けは卑しくなんかない

会社にとって、最も大切なことは「利益を稼ぐこと」です。そんなことは、いまさら言われなくても十分承知していると言われそうですが、それでも、あえて強調しておかなければなりません。

そもそも「会社」というものは、ある目的のために「法人格」という人格を法的に与えられて、世の中に誕生しているわけです。たとえば「株式会社」であれば、その目的は「営利」、すなわち「金儲け」にほかなりません。

われわれ日本人は、人前で「金儲け」の話をすることを「はしたない」「卑しい」と考える習慣があるようです。

しかし、「株式会社」のことを考えた場合、そんなことは言っていられません。なにしろ、「株式会社」は「金儲け」という目的のためにその誕生が許されているわけで、「金儲け」こそが「株式会社」の存在意義なのです。

会計は、このような「株式会社」の存在意義そのものに焦点を当てていることになります。会計の世界では、「会社」を「お金の塊」と考え、「会社」の活動をすべてお金の増減もしくは財産の増減として捉えます。そして、あらゆる取引に値段をつけていかなければなりません。

もちろん、「会社」は、あなたの生活の場として、「金儲け」以外の活動が繰り広げられているわけです。しかし、会計に限っては、そういうことをひっくるめて、何から何まで「金、金、金」です。

会計や決算書を学ぶ以上、このことはとっても大事なことです。しっかりと頭の中に入れておいていただきたいと思います。

第2章

貸借対照表の基本の「き」

1 「貸借対照表」ってどんなもの？

貸借対照表は「資産」「負債」「純資産」の3つの部分に分類されている

左の表が実際の貸借対照表です。今のところ何がなんだかわからないと思いますが、ちょっとずつわかるようになりますから気にしなくても大丈夫です。

ここで注目していただきたいのは、たったの2点です。

ひとつは作成日です。これは、期間利益計算の締切日を示しています。そして、この日付のことを「**決算日**」と言います。

百貨店などが、しばしば「決算大セール」なんていう企画をやってますよね。あれは、「もうすぐ決算日です。決算日は期間利益計算の締切日です。だから、その前に少しでもたくさんの商品を売りたくなっちゃいました。安くしておきましたからみんな買ってね」という意味です。

もうひとつの注目ポイントは、「貸借対照表」は、「**資産の部**」「**負債の部**」「**純資産の部**」と、大きく3つの部分に分類されているということです。

この区分は大変重要なので、次項からゆっくり説明していきましょう。

貸借対照表ってどんなもの？

「貸借対照表」は、期間利益計算の締切日である
「決算日」時点で作成される

貸借対照表
平成24年3月31日現在
(単位:千円)

資産の部		負債の部	
I.流動資産	**(751,000)**	**I.流動負債**	**(298,000)**
現金及び預金	270,000	支払手形	10,000
受取手形	40,000	買掛金	75,000
売掛金	119,000	短期借入金	120,000
有価証券	274,000	未払金	27,000
商品	37,000	未払法人税等	20,000
前払費用	12,000	預り金	24,000
貸倒引当金	△1,000	賞与引当金	22,000
II.固定資産	**(213,000)**	**II.固定負債**	**(213,000)**
1.有形固定資産	**(126,000)**	社債	70,000
建物	72,000	長期借入金	100,000
機械装置	17,000	退職給付引当金	43,000
車両運搬具	2,000		
工具器具備品	6,000	**負債の部　計**	**511,000**
土地	29,000		
2.無形固定資産	**(2,000)**	**純資産の部**	
営業権	1,000		
ソフトウェア	1,000	**I.資本金**	**100,000**
3.投資その他の資産	**(85,000)**	**II.資本剰余金**	**(65,000)**
投資有価証券	63,000	資本準備金	65,000
出資金	20,000	**III.利益剰余金**	**(289,000)**
長期貸付金	2,000	1.利益準備金	21,000
長期前払費用	1,000	2.任意積立金	216,000
貸倒引当金	△ 1,000	3.当期未処分利益	52,000
III.繰延資産	**(1,000)**	**純資産の部　計**	**454,000**
社債発行費	1,000		
資産の部　合計	**965,000**	**負債・純資産の部　合計**	**965,000**

「貸借対照表」は、
「**資産**の部」「**負債**の部」「**純資産**の部」
の３つに分類されている

2 「資産の部」には何が書かれているの？

「資産の部」は会社財産の目録であるが、これだけでは会社の状況を把握できない

まずは「資産の部」について説明しましょう。これは、ようするに「どんな種類の財産が、いくらずつあるか」ということを表しています。ですから、これは**会社が保有している財産の目録**と考えてもらえばいいでしょう。

「資産の部」の総合計額が大きければ大きいほど、たくさんの財産を保有する大規模な会社であると言うことができます。ただし、ここで注意をしなければならないことは、保有財産の量だけでは、本当の金持ちであるかどうかはわからないということです。

たとえば、同じ金額のマンションを所有している人が2人いるとしましょう。一方の人は、いまだに多額の住宅ローンが残っているのに対し、もう片一方の人は、このマンションを現金で買ったので借金は一切残っていないとしましょう。

もちろん、あなたは、借金がない人のほうがお金持ちだと思うでしょう。ところが、マンションという財産だけに着目すると、両者はまったく変わりません。

つまり、**「資産の部」だけでは、会社の状況を正しく把握することはできない**のです。

「資産の部」には何が書かれている？

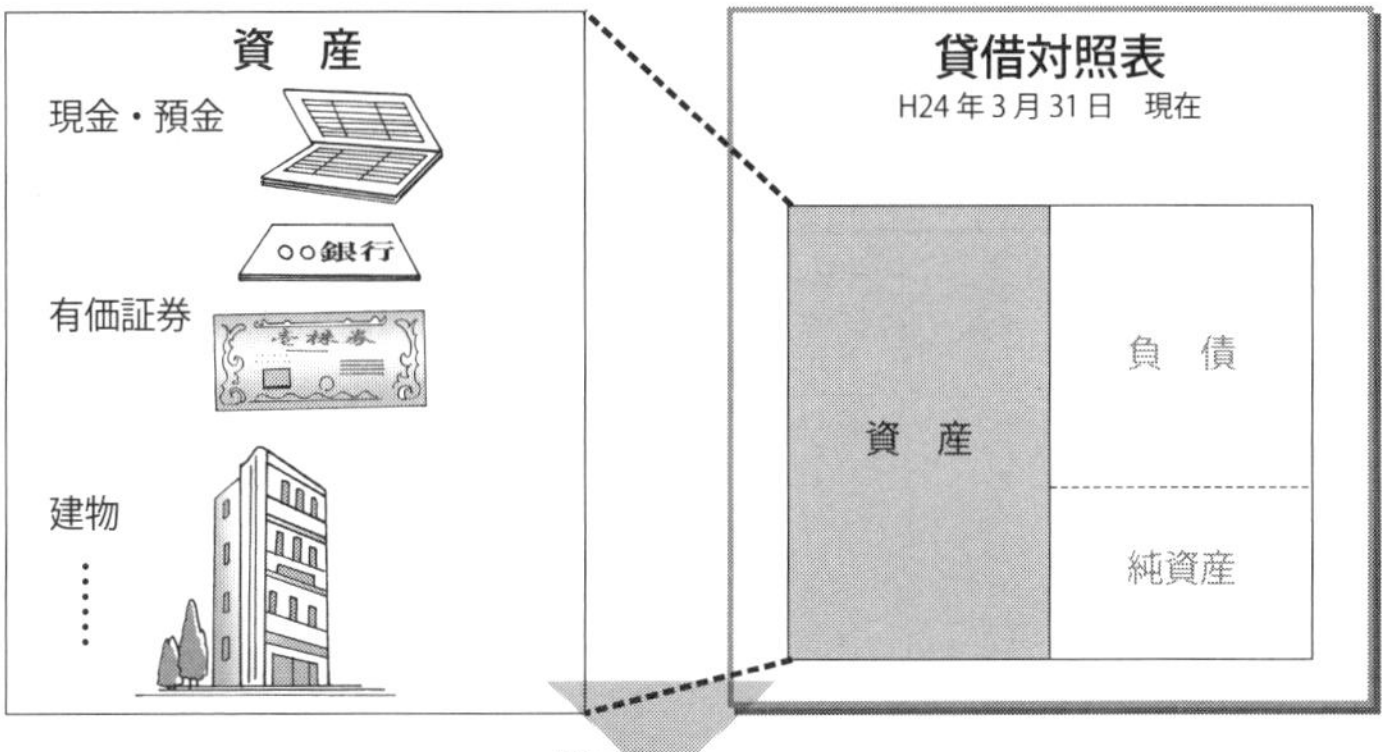
資　産
現金・預金
○○銀行
有価証券
建物
貸借対照表
H24年3月31日　現在
資　産
負　債
純資産

資産の部は、
「どんな種類の財産が、いくらずつあるか」
ということを表している

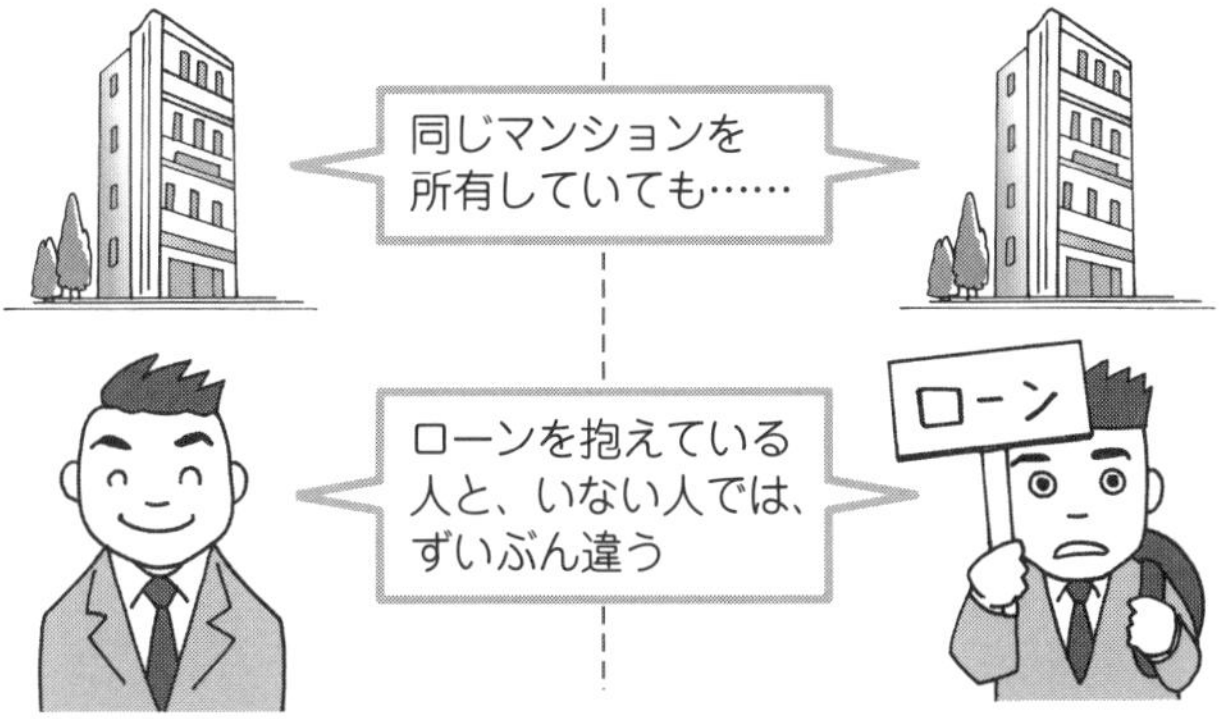
同じマンションを
所有していても……
ローン
ローンを抱えている
人と、いない人では、
ずいぶん違う

「資産の部」の**総合計額が大きいほど**
大規模な会社である、と言うことができるが、
「資産の部」を見ただけでは
会社の状況を正しく把握できない

3 「負債の部」「純資産の部」にあるものは？

「負債の部」は返済が必要な調達、「純資産の部」は返済不要の調達を表している

貸借対照表では、「資産の部」に記載されている財産を、どのような手段で手に入れたかという**調達**の側面についても情報提供を行うように作られています。

財産を手に入れる方法には、大きく分けて2つの方法があります。

ひとつは、自分がこれまでに**持っていたお金で買う方法**、もうひとつは、誰かから**借金をして買う方法**です。

前項のマンションを例にすると、自分の貯金を「頭金」として支払った部分と、銀行などから住宅ローンとして借りた部分ということになります。

この2つの方法は、将来の返済が必要であるかどうかという意味で大きく違います。自分がこれまで持っていたお金の部分は返済が必要ないのは当たり前です。反対に、借金は返済するのが当たり前です。

そして、資産の調達の内訳として、返済が必要なものを「**負債**」に、返済が必要ないものを「**純資産**」に区分しているのです。

「負債の部」と「純資産の部」には何が書かれている？

「貸借対照表」では、「資産の部」で保有財産の内訳を報告するだけでなく、
それらを「**どのような手段で手に入れたか**」という
調達の側面についても、報告するように作られている

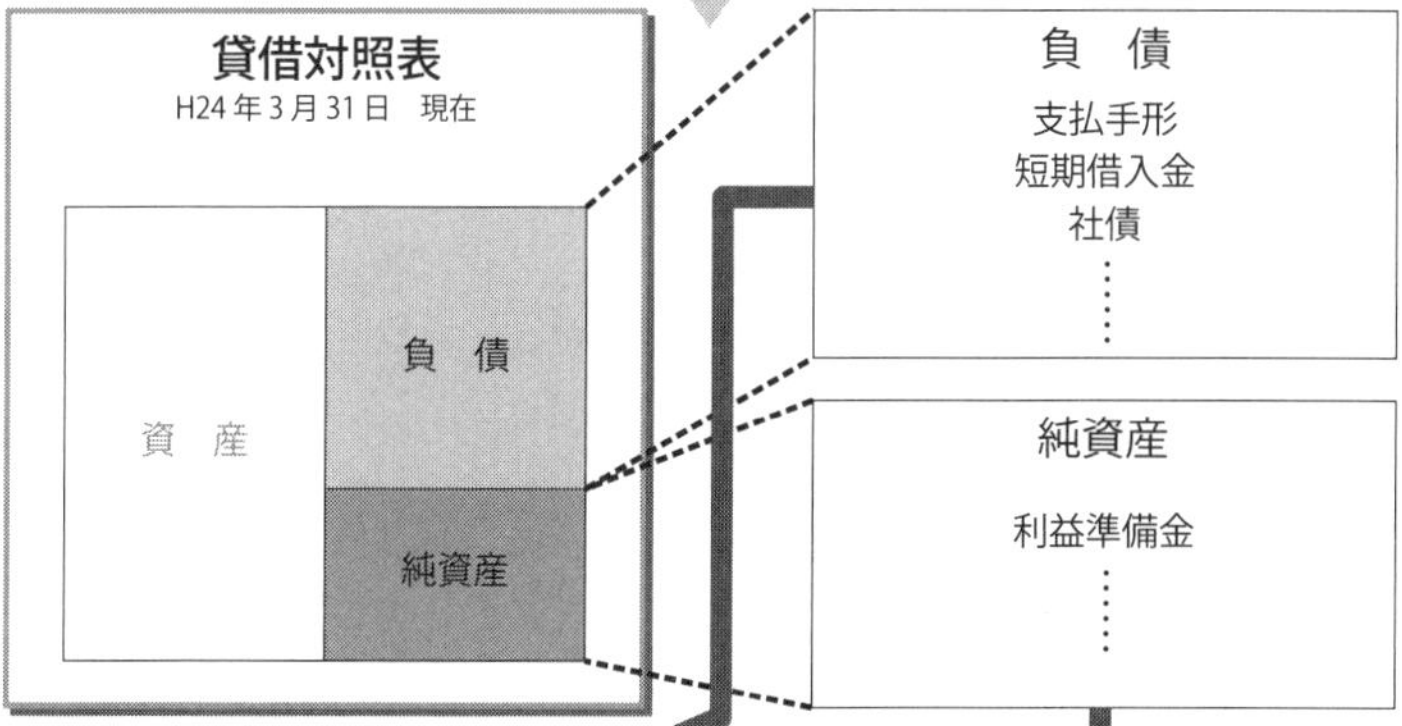
貸借対照表
H24年3月31日　現在
資　産
負　債
純資産
負　債
支払手形
短期借入金
社債
純資産
利益準備金

「**負債**」は返済義務がある調達
（「**他人資本**」とも言う）

「**純資産**」は返済不要の調達
（「**自己資本**」や「**株主資本**」とも言う）

たとえば、次のように考えるとわかりやすい

マンション
資産
住宅ローン
ローン
負債
頭金（自己資金）
純資産

4 貸借対照表で見る「調達」と「運用」の流れ

「資産の部」は調達したお金が姿形を変えた結果、つまり「資本の運用形態」を示す

貸借対照表は「資産の部」「負債の部」「純資産の部」の3つに分かれているとお話ししましたが、ここで会社の事業の流れを考えてみましょう。

まず、会社は事業をスタートさせるに当たって、当初の元手を調達します。株式会社の場合には、**出資者が会社に拠出したお金**に対して「株式」というものを発行することとなります。会社は、会社の株を出資者に買ってもらうという形で元手を調達することになります。中小企業の場合には、創業者が自ら会社にお金を拠出することが多いでしょうが、この場合も自分の会社の株を買うという形になります。

そして、会社は、この株式を買い戻す必要はありません。もしも株主がそのお金を取り戻したいときは、会社から返してもらうのではなく、自分の持っている株式を別の人に売るしか方法がないのです。このため、この調達は、未来永劫《みらいえいごう》、返済不要となり、貸借対照表では「**純資産**」として記録されることとなります。

もしも、この調達だけで足りなければ借金をすることになります。もちろん、借金は将

資本はどうやって集めたか？

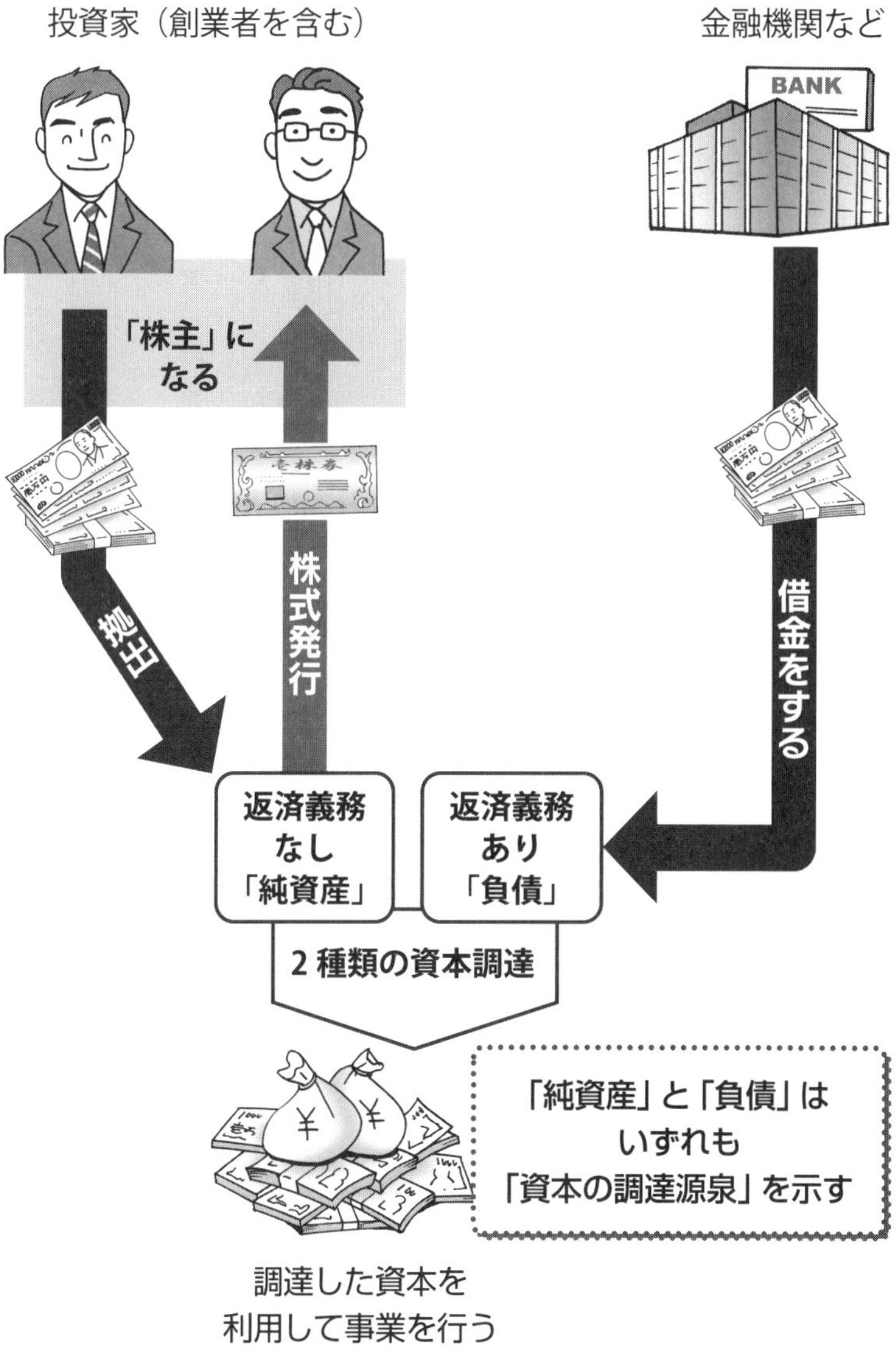
投資家（創業者を含む）
金融機関など
BANK
「株主」になる
株式発行
拠出
借金をする
返済義務なし「純資産」
返済義務あり「負債」
2種類の資本調達
「純資産」と「負債」はいずれも「資本の調達源泉」を示す
調達した資本を利用して事業を行う

来の返済義務をともないますので「**負債**」になります。しかし、返済義務の有無という違いはあるものの、「純資産」と「負債」はいずれも「**資本の調達源泉**」を示しています。

◆元手を使って「資産」を購入する

調達した資金は、当初は現金や預金という財産の姿になります。しかし、いつまでも銀行に預けているだけでは事業は始められませんから、**このお金でいろいろなものを買って、**事業をスタートさせることになります。

たとえば、小売業をやるのであれば、店舗を借りたり、ショーケースを設置するなど内装にもお金を使います。もちろん、商品を仕入れて店頭に並べなければなりません。

そうしますと、最初は現金や預金であったものが、店舗の保証金や内装設備、在庫商品といったように、その姿形を変えることになります。

このように姿形が変わった財産を、種類ごとに分類して目録としてまとめたものが、貸借対照表の「**資産**」ということになります。このため、「資産」は「**資本の運用形態**」を示していると言われます。

また、**事業を通じて稼いだ「儲け」**は会社自身の稼ぎですから、当然のことながら返済不要の調達として「**純資産**」に加えていくこととなります。

集めた資本をどうやって活かしているか？

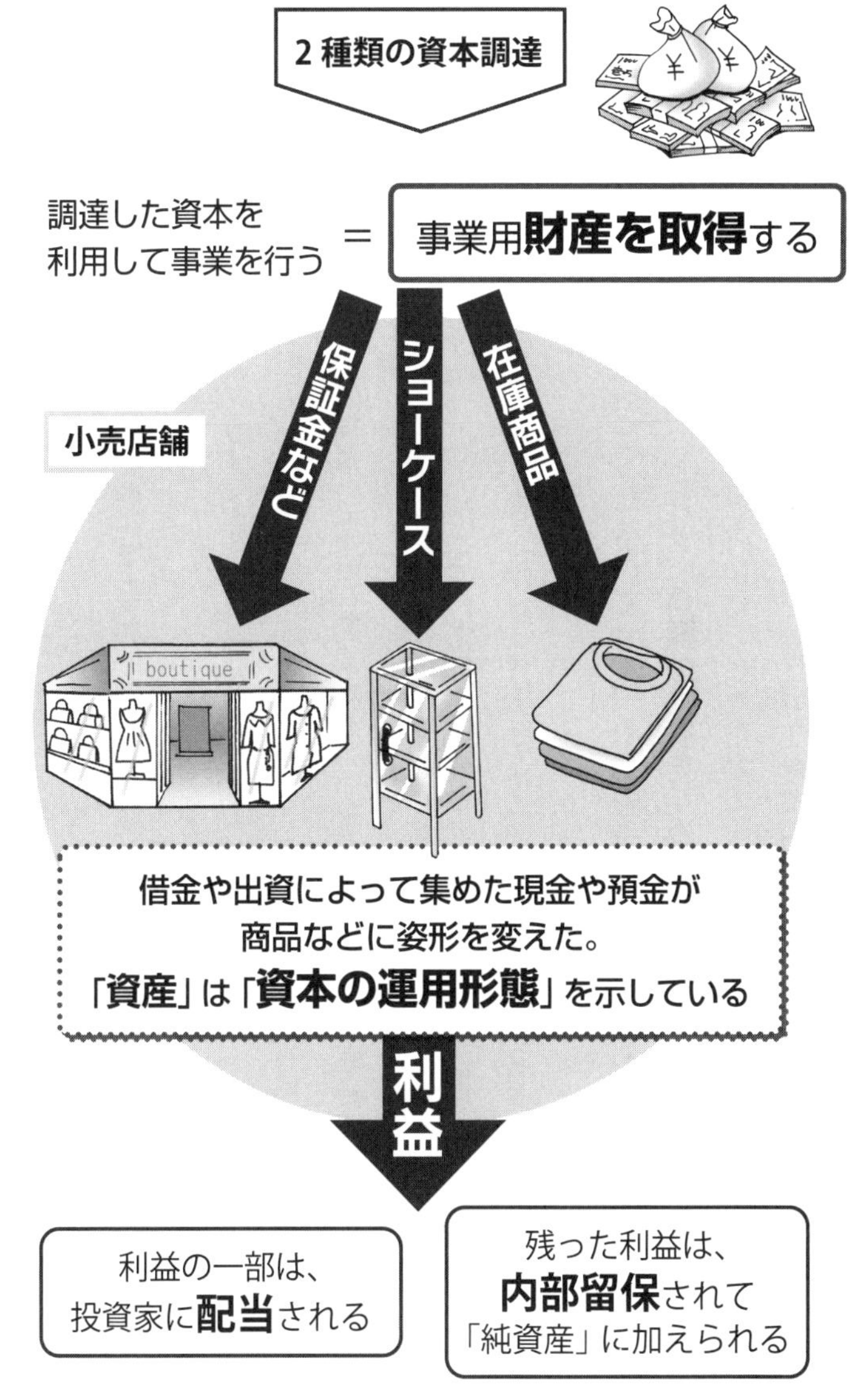
2種類の資本調達
調達した資本を
利用して事業を行う
＝
事業用**財産を取得**する
保証金など
ショーケース
在庫商品
小売店舗
boutique
借金や出資によって集めた現金や預金が
商品などに姿形を変えた。
「資産」は「資本の運用形態」を示している
利益
利益の一部は、
投資家に**配当**される
残った利益は、
内部留保されて
「純資産」に加えられる

5 「流動資産（負債）」「固定資産（負債）」とは？

貸借対照表では、「資産」「負債」を短期のものと長期のものとに分けている

貸借対照表を「資本の調達源泉」と「資本の運用形態」という対比で理解できたと思いますが、別の見方をしてみることも必要です。

たとえば、「負債」は将来の返済義務ですから、これをきちんと返せるかどうかは気にかかるところでしょう。

この場合、最も肝心なことは、その借金をいつまでに返さなければならないかというところです。借金をしたことがある方はよくわかると思いますが、来月返すのと明日返すのでは大違いです。

そこで、貸借対照表では「負債の部」を、短期のものと長期のものとに区分しています。**短期の負債を「流動負債」**と言い、**長期の負債を「固定負債」**と言います。

もちろん、負債を返済する場合には、会社財産の中から返すわけですから、「資産の部」も同様に「**流動資産**」と「**固定資産**」に区分されています。

これらを総称して「**流動固定分類**」と言います。

流動固定分類とは？

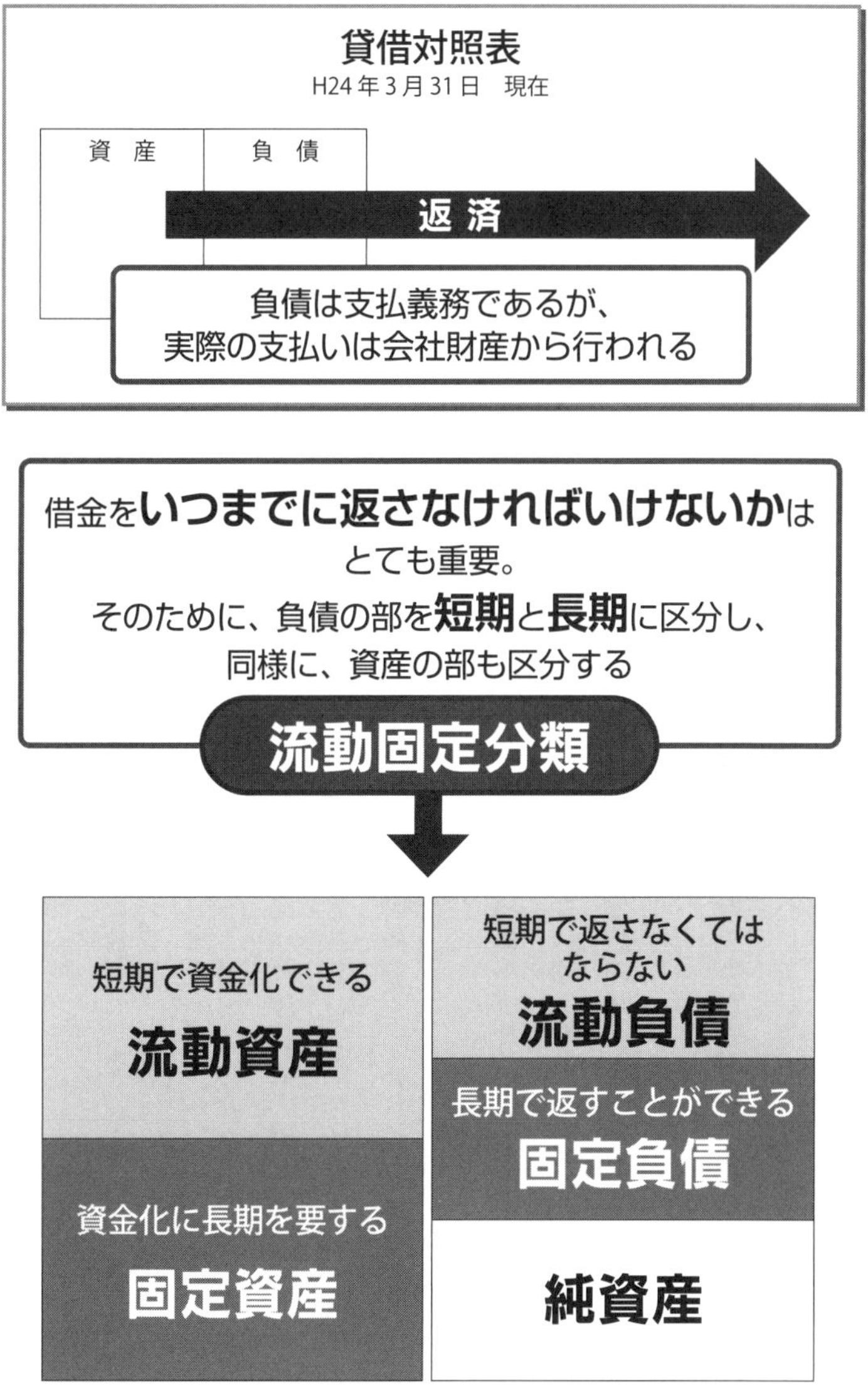
貸借対照表
H24 年 3 月 31 日　現在
資　産
負　債
返 済
負債は支払義務であるが、
実際の支払いは会社財産から行われる
借金を**いつまでに返さなければいけないか**は
とても重要。
そのために、負債の部を**短期**と**長期**に区分し、
同様に、資産の部も区分する
流動固定分類
短期で資金化できる
流動資産
資金化に長期を要する
固定資産
短期で返さなくては
ならない
流動負債
長期で返すことができる
固定負債
純資産

6 「短期」と「長期」の境目は？

「ワン・イヤー・ルール」と「正常営業循環基準」によって分類される

先ほど、流動固定分類は、短期と長期による区分であると言いましたが、いったいどの程度の期間をもって短期であるとか、長期であるとかを決めればいいのでしょう。

じつは、会計のルールでは**1年間を基準**とすることとされています。すなわち、決算日の翌日から1年間以内に返済期限が到来する負債は「流動負債」とされ、返済期限が1年を超えているものは「固定負債」とされます。

このルールは、「**ワン・イヤー・ルール**」と呼ばれ、負債だけではなく資産の流動固定分類にも適用されます。しかし、ワン・イヤー・ルールだけが流動固定分類の基準ではありません。むしろ、ワン・イヤー・ルールよりも強力な分類の基準があります。

それは、「**正常営業循環基準**」と呼ばれます。ちょっと難しそうに聞こえるかもしれませんので、簡単に説明しましょう。仕入れから販売までの主要な営業取引から生ずる資産や負債は、すべて流動資産、流動負債とすることが定められているということです。

正常的に繰り返される営業取引は、長期を予定していないだろうという考え方です。

流動と固定を分ける基準とは？

●第１の基準：正常営業循環基準

仕入れから販売までの主要な営業取引から生ずる
資産・負債は原則的に流動項目とする

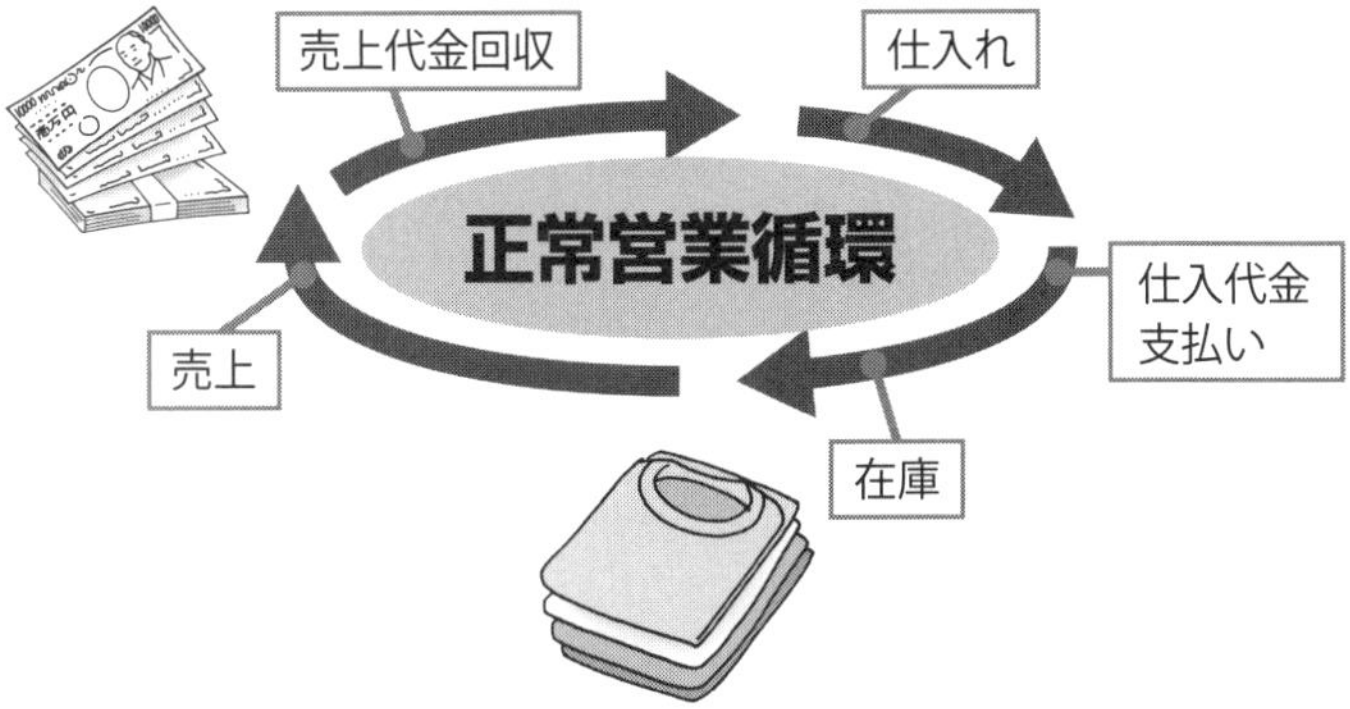

売上代金回収
仕入れ
正常営業循環
仕入代金
支払い
売上
在庫

●第２の基準：ワン・イヤー・ルール（１年基準）

決算日の翌日から１年以内に

返済期限や満期が到来する
資産・負債を流動項目とする

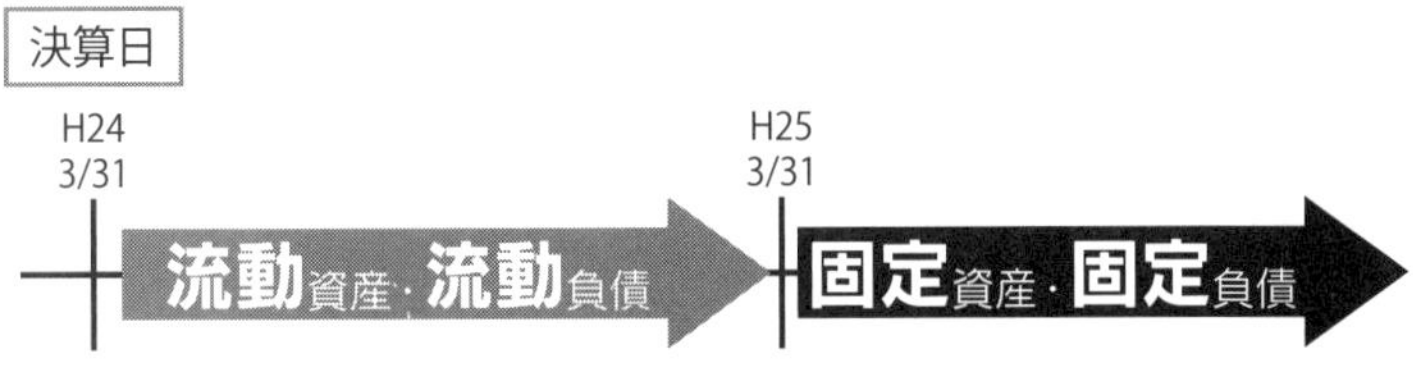

決算日
H24
3/31
H25
3/31
流動資産・流動負債
固定資産・固定負債

流動固定分類は
「正常営業循環基準」と「ワン・イヤー・ルール」
という２つの基準によって行われる

コラム　決算書に表れない財産

「貸借対照表」は、会社の財産について作られる一覧表や目録のようなものです。しかしながら、すべての財産が「貸借対照表」に載っているわけではありません。

たとえば最近ですと、会社の従業員が持っている能力や技術というものに注目が集まっています。「人材」という言葉を、わざわざ「人財」と書き換えて、そういうものの大切さを説明することさえあります。

ところが、残念ながらこのような無形の価値について、会計では財産と認識することが困難です。会計では、会社の活動をお金の増減として捉えます。簡単に言ってしまえば、売買ができるものに限ってしか記録することができないという宿命があるということです。

ですから、お金を出して、どこからか買ってきたものでなければ財産として取り扱うことができないのです。

一般的には、このような「人財」については、もちろんきちんと給与を支払っていて、その給与は会計上も記録されています。でも、会計にできることはそこまで。そこから生み出される付加的な価値については、どうすることもできないのです。

これと似ているものとしては、会社が長年培ってきたノウハウも「貸借対照表」に載せることができません。食品加工業者が持っている「秘伝のレシピ」や会社が築き上げてきた評判、莫大な数に上る顧客リスト、画期的なビジネスモデルなども「貸借対照表」に載せることができません。

これらが「貸借対照表」に登場する唯一の場面は、お金を払って他社から買い取ってきたときだけなのです。

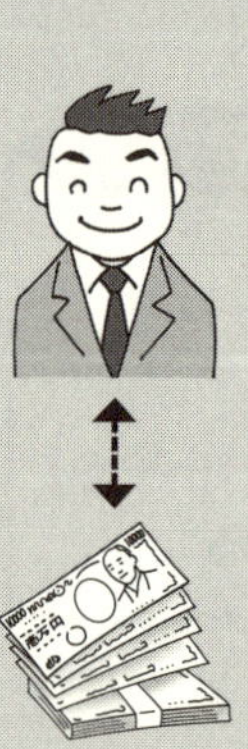

第3章

損益計算書の基本の「き」

1 「収益」や「費用」ってどんなもの？

財産の増加理由を「収益」と言い、財産の減少理由を「費用」と言う

「損益法」による利益計算では、財産の増加や減少があったら、その都度、増減の理由を記録しておくことによって、「どんな理由でどれだけの財産が増え、または、どんな理由でどれだけの財産が減ったか」ということがわかると、第1章で解説しました。そして、これによって利益計算の内容をより詳しく報告するということもお伝えしました。

ここで覚えてしまいたいのが、**財産の増加理由のことを「収益」と呼び、財産の減少理由のことを「費用」**と呼ぶことです。

たとえば、会社の預金通帳にはさまざまな入金があると思いますが、その入金の内容は、商品を販売した代金の入金だったり、預金の利息を受け取ったものだったりします。同様に出金についても、仕入代金の支払いだったり、給与の支払いだったりとさまざまです。

つまり、同じ「預金」という財産が増減したとしても、その増加理由や減少理由は異なるため、これらを分類して記録したものが「収益」「費用」であるということになります。

そして、「損益法」では、この「収益」から「費用」を差し引いて利益を計算します。

会社の預金通帳にはさまざまな入金や出金がある

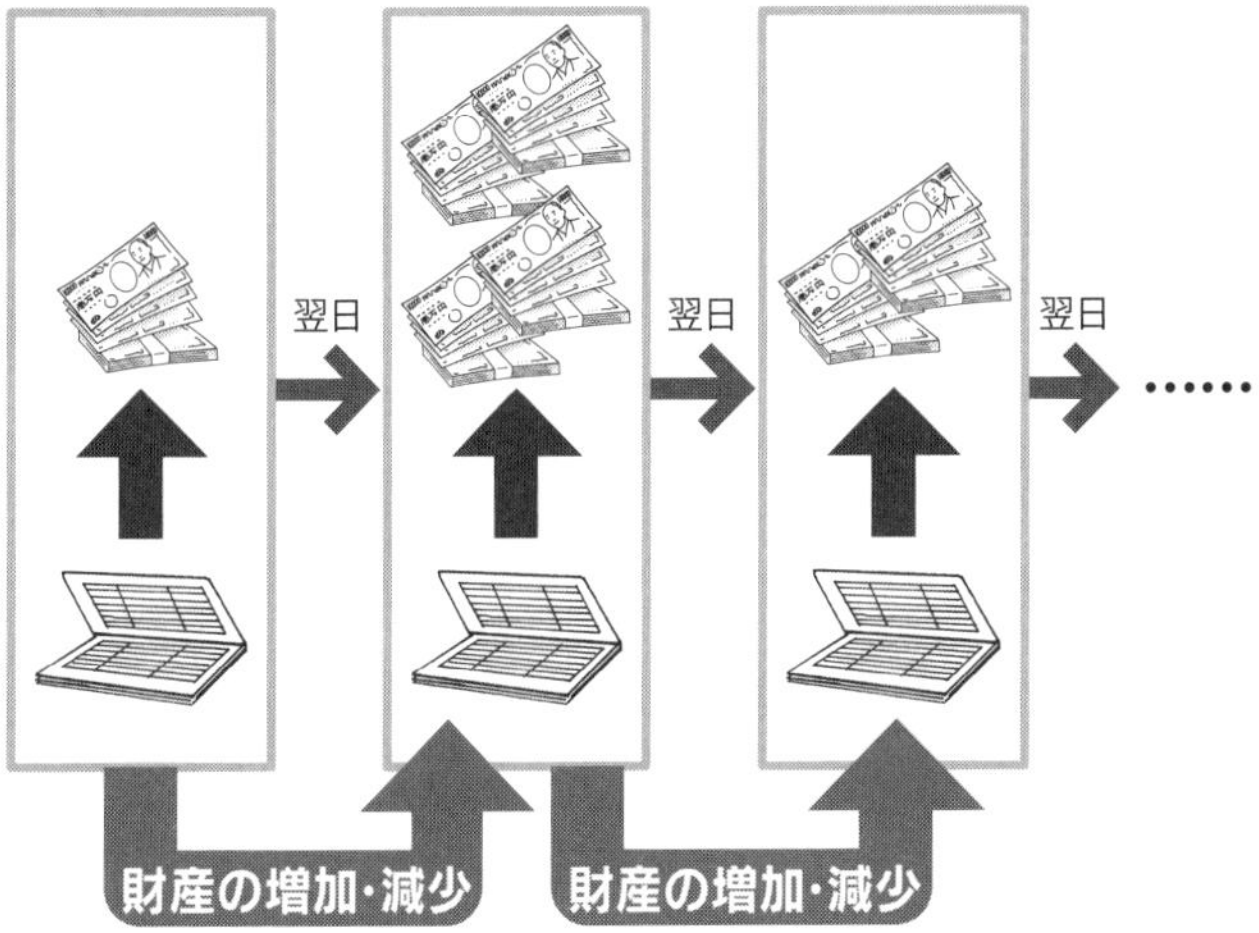
翌日
翌日
翌日
……
財産の増加・減少
財産の増加・減少

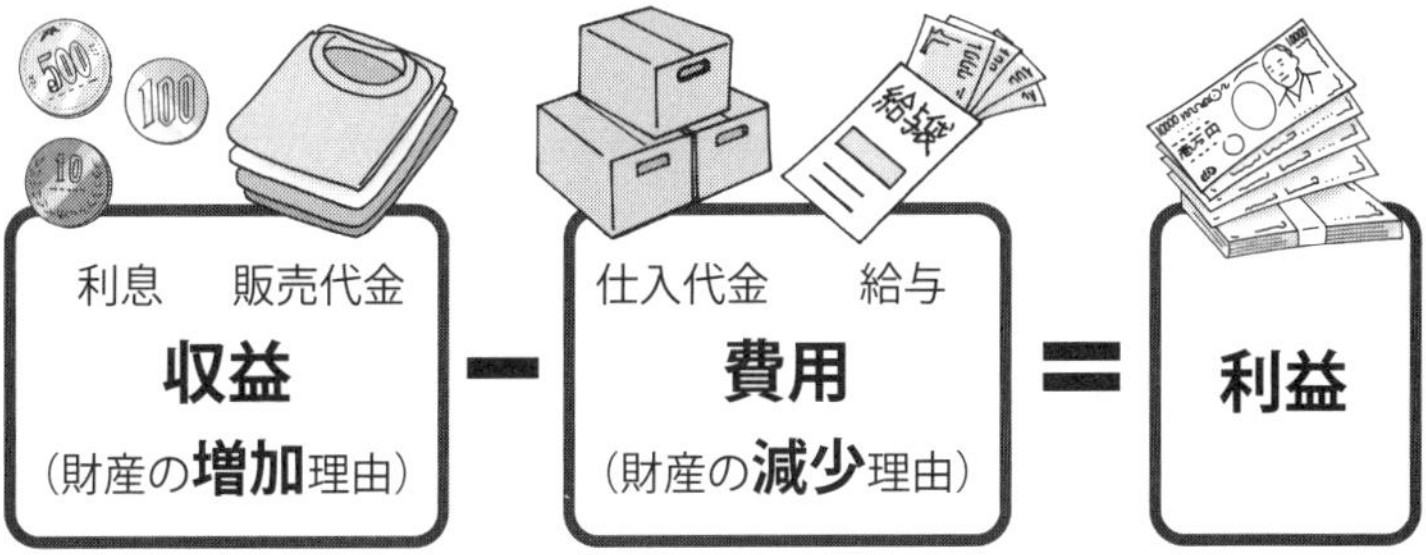
利息　販売代金
収益
（財産の増加理由）
－
仕入代金　給与
費用
（財産の減少理由）
＝
利益

財産の**増加**理由を「**収益**」、
減少理由を「**費用**」と呼び、
「損益法」による利益計算では、
この「収益」から「費用」を差し引いて利益を計算する

2 「収益」や「費用」を計上するタイミングは？

期間損益計算の適正化のため、収益・費用の認識は「発生主義」にもとづいて行われる

近代企業は「継続企業」であるため、その利益は一定の期間をもって計算しなければなりません。このため会社は、少なくとも1年に一度の期間利益計算を行うために、その計算の締め日として「決算日」というものを、あらかじめ定めています。ここで重要なことは、会社は利益計算のために事業を行っているのではなく、事業活動を適当に区切って、その期間における成果を利益として計算しているに過ぎないということです。

つまり、「決算日」にあわせて取引をするわけではないので、どうしても**2つの計算期間にまたがるような取引**も存在してしまいます。そして、そのような取引を前の期の計算に含めるのか、次の期の計算に含めるのかということが問題になります。このような問題を「**収益・費用の認識**」の問題と言います。

◆「現金主義」とは？

「収益・費用の認識」については、会計というものが誕生した頃、すべての取引は**入出金**

決算日をまたがったときの問題

近代企業は、「継続企業」として、
少なくとも**1年に一度の期間利益計算を行う**ため、
その計算の締め日として「**決算日**」を設けている

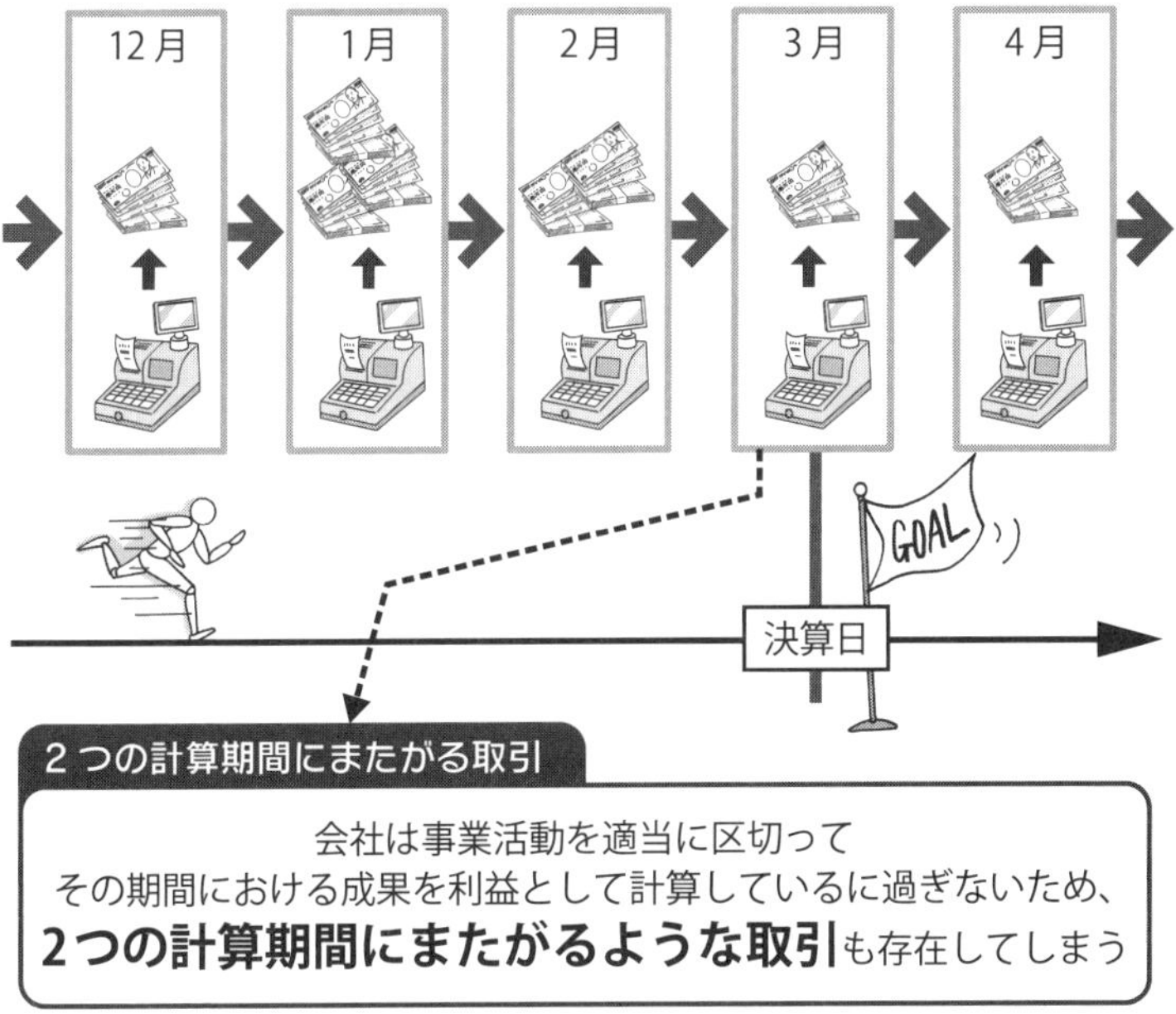

2つの計算期間にまたがる取引

会社は事業活動を適当に区切って
その期間における成果を利益として計算しているに過ぎないため、
2つの計算期間にまたがるような取引も存在してしまう

2つの計算期間にまたがるような取引を
当期の取引とするのか？
翌期の取引とするのか？

‖

「**収益・費用の認識**」の問題

のタイミングにもとづいて認識する方法をとっていました。たとえば、決算日が3月31日である場合、それまでに入金のあったものはその期の取引として処理する一方で、入金が4月以降ならば、その取引は翌期のものとして取り扱うこととしていたわけです。

このやり方を「**現金主義**」と呼びますが、「現金主義」には問題が多いため、現代の会計では使われることはありません。と言いますのも、先の例でも明らかなように、ほとんどの作業が完了したにもかかわらず、たまたま入金が遅れただけで利益計算の結果が変わってしまうのでは、会社の経済的な実態を正しく計算することができないからです。

◆「発生主義」とは？

そこで生まれたのが「**発生主義**」と呼ばれる考え方です。これは、現金の入出金にとらわれることなく、経済的な価値の発生を利益計算に反映させようという考え方です。

現行の会計ルールでも、この「発生主義」が採用されています。具体的には、「**財やサービスが取引の相手方に引き渡され**」、それに対する「**請求権が成立**」した時点で、収益を認識します。反対に、「**財やサービスを取引の相手方から受け取り**」、それに対する「**債務が確定**」した時点で費用を認識することとされています。現代の利益計算が、期間損益計算である以上、このルールは、大変重要なルールですので、覚えておいてください。

現金主義と発生主義

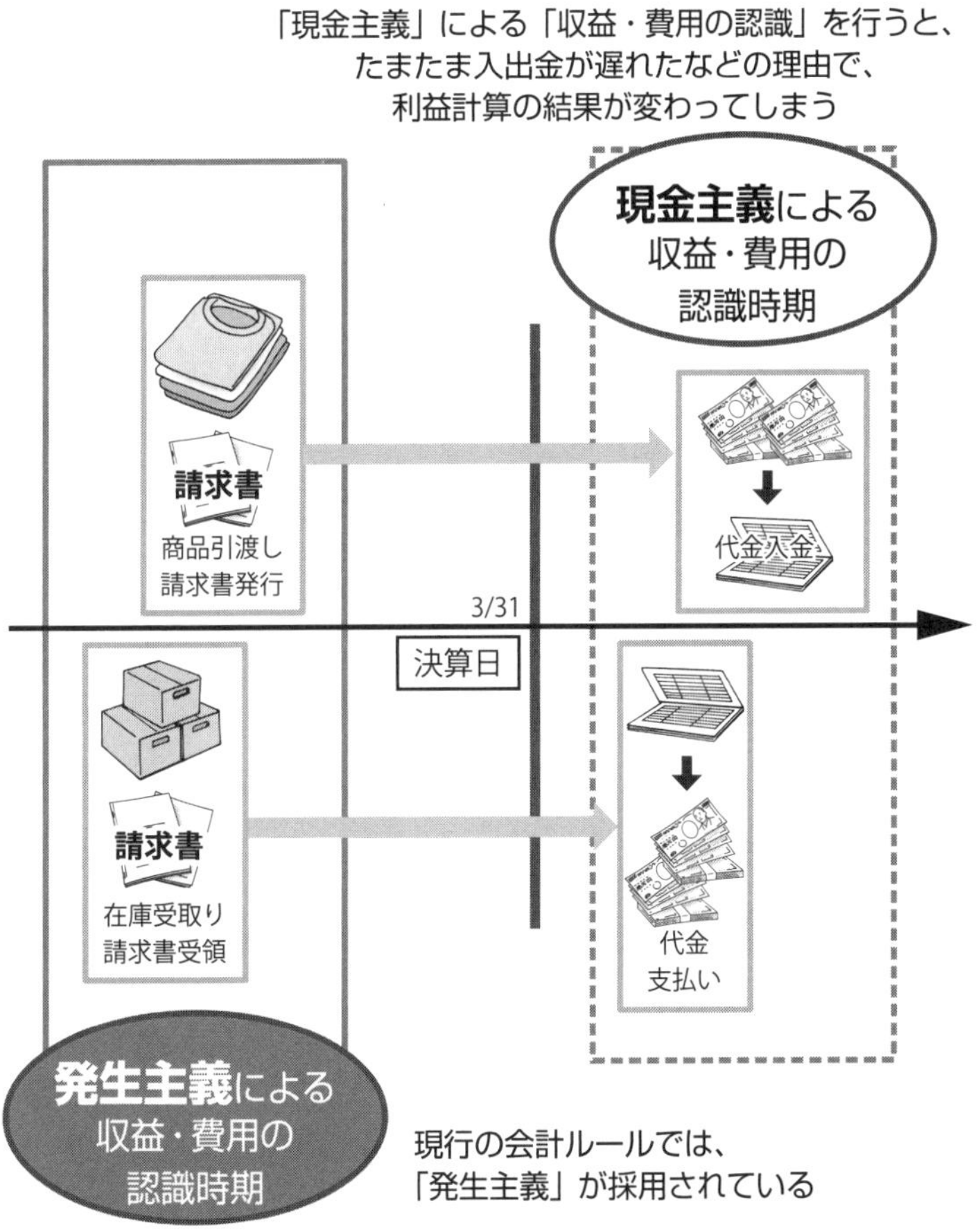

「現金主義」による「収益・費用の認識」を行うと、
たまたま入出金が遅れたなどの理由で、
利益計算の結果が変わってしまう
現金主義による
収益・費用の
認識時期
請求書
商品引渡し
請求書発行
代金入金
3/31
決算日
請求書
在庫受取り
請求書受領
代金
支払い
発生主義による
収益・費用の
認識時期
現行の会計ルールでは、
「発生主義」が採用されている

収益は「**財やサービスが取引の相手方に引き渡され、請求権が成立した時点**」で認識する。

費用は「**財やサービスを取引の相手方から受け取り、債務が確定した時点**」で認識する

3

科目はどんなふうに分けられている？

収益や費用の科目は大まかにグルーピングされている

「損益法」の利益計算では、「どんなことに、いくら」といった考え方で収益や費用を把握していきます。この場合の「どんなこと」という考え方を基準として、**収益や費用は、ある程度グルーピングされている**必要があります。

たとえば、移動に要した費用は「旅費交通費」というグループが設けられます。バスを使おうが、タクシーを使おうが、地下鉄を使おうが、すべて「旅費交通費」にまとめておくわけです。

お客様との接待でも、和食、中華、フレンチ、イタリアンなどと区別する必要はなく「接待交際費」というグループを設けておけば十分です。むしろ、このグルーピングがあまり細か過ぎると、結果的に損益計算書は膨大な資料になってしまい、かえって扱いづらいものとなってしまいます。

最終的な損益計算書は、左の下図のようにかなり大まかな区分となっていますが、この区分については深い意味があります。次項以降で詳しくお話しましょう。

収益や費用のグルーピング

●「接待」のグルーピング

「どんなことに、いくら？」ということが

ある程度わかればいいのだから……

「お客様との会食」として、
すべてをまとめて
グルーピング
「接待交際費」

●「損益計算書」の大まかな区分

損益計算書

自 平成23年4月1日　至 平成24年3月31日

（単位:円）

Ⅰ.売上高		635,000,000
Ⅱ.売上原価		
期首商品棚卸高	59,000,000	
当期商品仕入高	441,000,000	
計	500,000,000	
期末商品棚卸高	48,000,000	
差引		452,000,000
売上総利益		**183,000,000**
Ⅲ.販売費及び一般管理費		
役員報酬	24,000,000	
給料	76,000,000	
法定福利費	8,000,000	
荷造運賃	10,000,000	
広告宣伝費	6,000,000	
接待費	3,000,000	
旅費交通費	8,000,000	
消耗品費	3,000,000	
地代家賃	22,000,000	
水道光熱費	6,000,000	
雑費	1,000,000	167,000,000
営業利益		**16,000,000**
Ⅳ.営業外収益		
受取利息	200,000	
雑収入	1,700,000	1,900,000
Ⅴ.営業外費用		
支払利息	900,000	900,000
経常利益		**17,000,000**
Ⅵ.特別利益		
固定資産売却益	1,000,000	1,000,000
Ⅶ.特別損失		
固定資産除却損	2,000,000	2,000,000
税引前当期純利益		**16,000,000**
法人税等		6,000,000
当期純利益		**10,000,000**

売上総損益

営業損益

経常損益

特別損益

当期純損益

4 段階利益ってどんなもの？

損益計算書は収益や費用を性質にもとづいて分類し、段階的な利益が計算されている

実際の損益計算書は、いくつかの利益を段階的に計算していく仕組みとなっています。まず一番上に「売上高」があって、上から順番に、「売上高」から「売上原価」を引いて「**売上総利益**」を計算し、そこから「販売費及び一般管理費」を引いて「**営業利益**」を計算しています。

損益計算書はまだまだ続いて、「営業利益」に「営業外収益」を足し、「営業外費用」を引いて「**経常利益**」を計算します。さらに、「特別利益」を加え、「特別損失」を引いて「**税引前当期純利益**」を計算し、最後にそこから税金を引いて、最終的な利益である「**当期純利益**」を計算しています。

このような損益計算書の構造は「区分損益計算」と呼ばれ、これらの途中経過として計算される利益のことを「**段階利益**」と呼びます。

「段階利益」は、収益や費用を、その性質にもとづいて大分類し、似たような収益から、似たような費用を引くことで計算されますので、価値ある情報となっています。

段階利益と区分損益計算

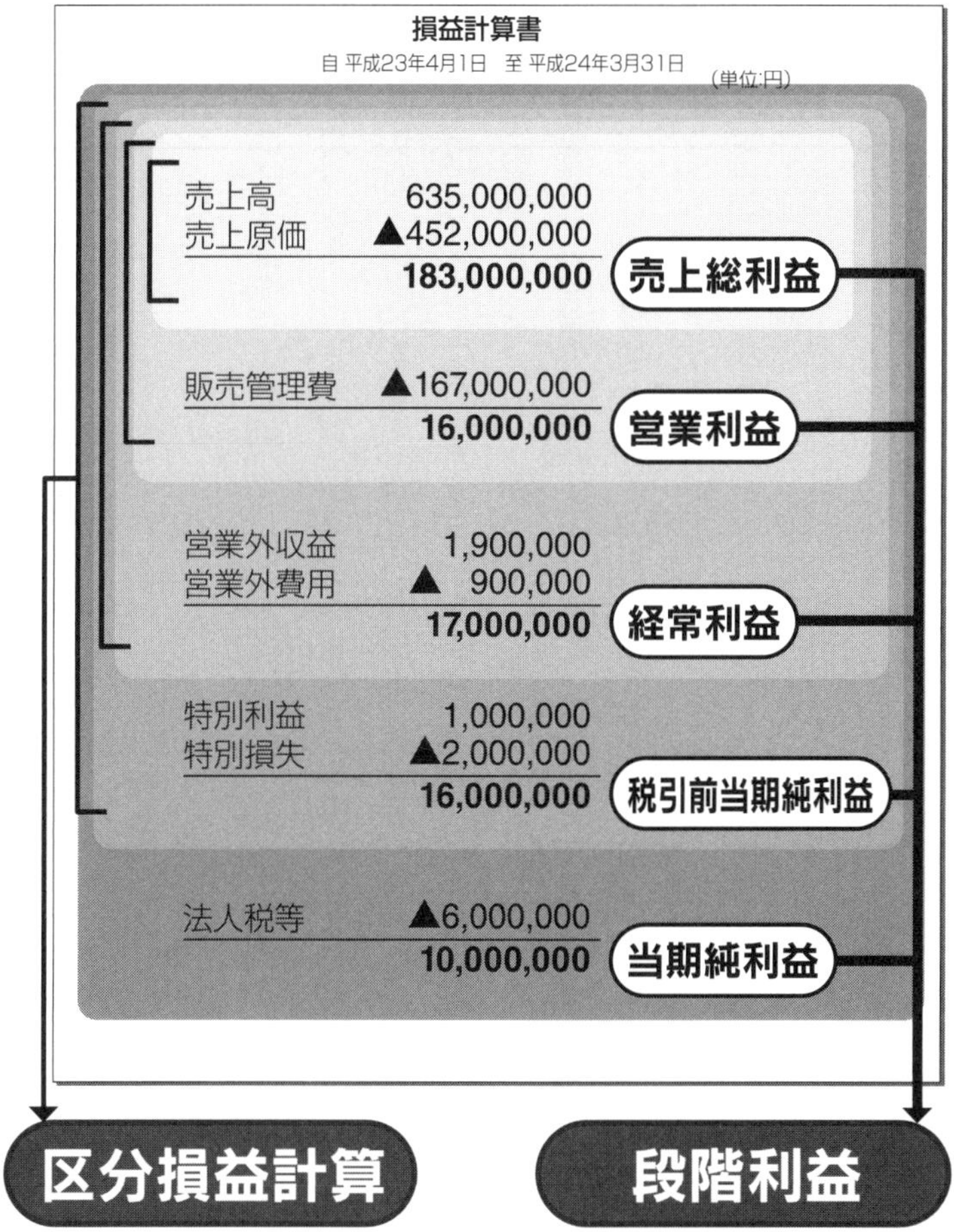

自 平成23年4月1日 至 平成24年3月31日

売上高	635,000,000	
売上原価	▲452,000,000	
	183,000,000	**売上総利益**
販売管理費	▲167,000,000	
	16,000,000	**営業利益**
営業外収益	1,900,000	
営業外費用	▲ 900,000	
	17,000,000	**経常利益**
特別利益	1,000,000	
特別損失	▲2,000,000	
	16,000,000	**税引前当期純利益**
法人税等	▲6,000,000	
	10,000,000	**当期純利益**

このような損益計算書の構造を「**区分損益計算**」と言い
これらの途中経過として計算される利益のことを
「**段階利益**」と言う

5 一番最初に注目してほしい「経常利益」

経常利益は、臨時的な損益の影響を除いた「会社の稼ぐ能力」を表している

まず、一番最初に注目していただきたいのは、「**経常利益**」という段階利益です。計算の仕組みから言いますと、経常利益よりも下で登場する「**特別利益**」や「**特別損失**」というものは、**臨時的な収益や費用**を意味しています。

そうしますと、「経常利益」の計算に登場している収益や費用は、臨時的でないもの、乱暴に言ってしまえば、「毎年毎年、見かけるもの」ということになります。これを会計の世界では「経常性」と呼んでいます。

たとえば、結構儲かっていたにもかかわらず、倉庫で火事が発生して商品が燃えてしまい、1年間を通じてみれば損失になってしまったというケースを考えてみましょう。

損益計算書の読み手は、その会社の事業がどの程度うまくいっているかを知りたいので、臨時的な火災の損失については「事故だから仕方がない」と考え、むしろ「火事がなかったら儲かっていたな」と考えます。ようするに、臨時的な損益の影響を除き、**「この会社は稼ぐ能力がある」ということは「経常利益」から知る**ことになるわけです。

「経常利益」で会社の稼ぐ能力がわかる

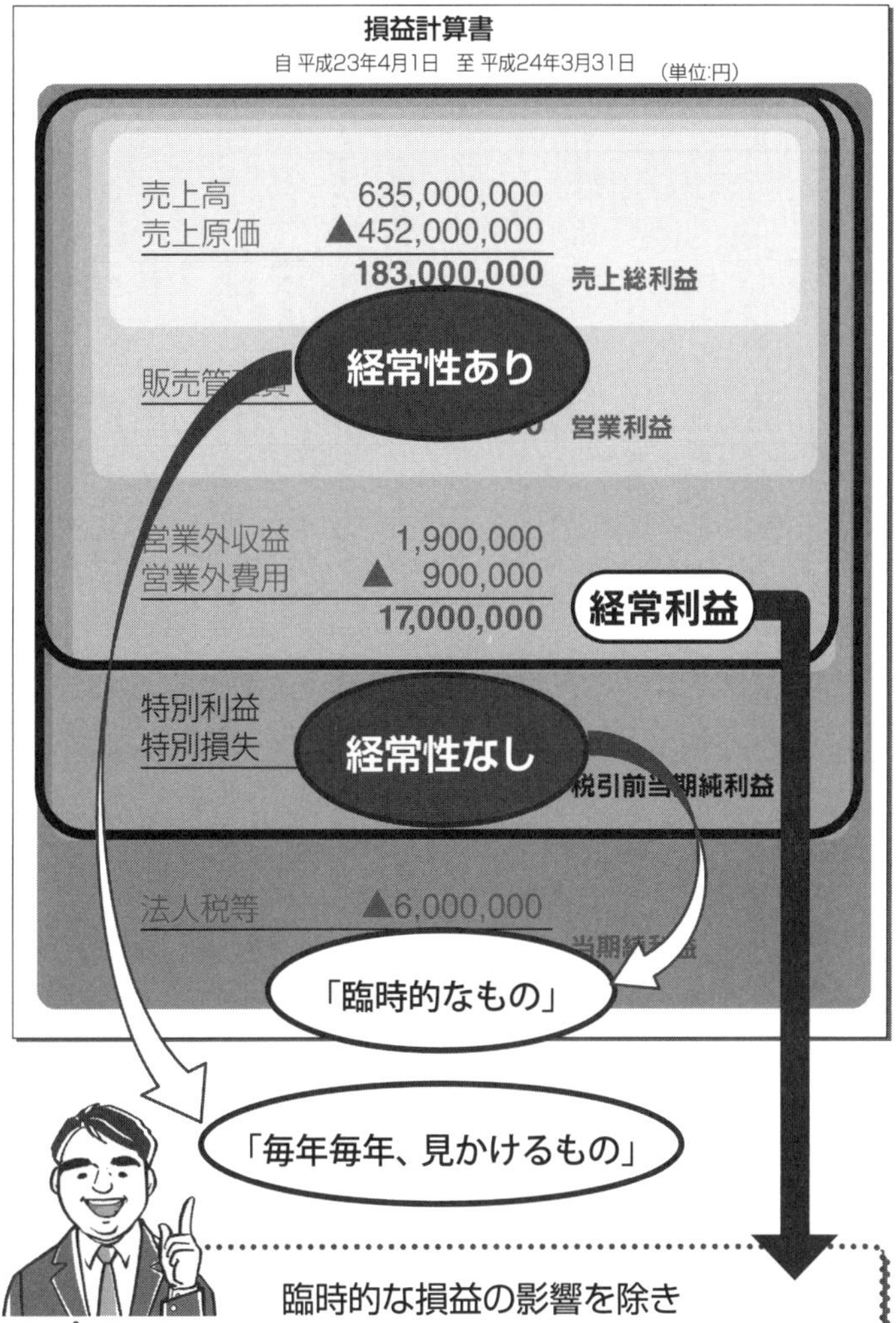

損益計算書
自 平成23年4月1日 至 平成24年3月31日
(単位:円)
売上高 635,000,000
売上原価 ▲452,000,000
183,000,000 売上総利益
経常性あり
販売管
営業利益
営業外収益 1,900,000
営業外費用 ▲ 900,000
17,000,000
経常利益
特別利益
特別損失
経常性なし
税引前当期純利益
法人税等 ▲6,000,000
「臨時的なもの」
「毎年毎年、見かけるもの」

臨時的な損益の影響を除き
「**この会社は稼ぐ能力がある**」ということを
「**経常利益**」から知ることができる

6

「営業利益」ってどんなもの？

営業利益は、その会社の本業からの利益を表している

次に重要なポイントは「**営業利益**」です。この「営業利益」は、しばしば「**本業による利益**」と解説されます。

たとえば、建設業を営む会社が、そのついでにマンションを1棟手に入れて、これを賃貸しているとしましょう。この会社はあくまでも建設業が本業ですから、その建設業が儲かっているかどうかということが、株主にとっては重要な関心事でしょう。仮に、賃貸マンション経営がうまくいっていたとしても、本業である建設業の調子が悪ければ、元も子もありません。

しかしながら、会社の事業活動は複雑で、本業以外から収入を得ることも多いわけです。したがって、これを区別しておいたほうが損益計算書は読みやすいことになるわけです。

そして、本業以外からの収益を「**営業外収益**」、本業以外からの費用を「**営業外費用**」として、「営業利益」の計算から外すこととなっているのです。

ちょっとわかりにくいでしょうから、次章でまたじっくりと解説しましょう。

「営業利益」は本業の利益

損益計算書
23年4月1日 至 平成24年3月31日
(単位:円)
建築業売上
仕入代金
労務費
本業による利益
▲452,000,0
183,000,000
販売管理費 ▲167,000,000
16,000,000
営業利益
営業外収益 1,900,000
営業外費用 ▲ 900,000
17,000,000 経常利益
賃貸業売上など
特別利益 1,000,000
特別損失 ▲2,000,000
16,000,000 税引前当期純利益
法人税等 ▲6,000,000
10,000,000 当期純利益

その会社が儲かっているかどうかということとは別に、
その会社の本業が儲かっているかが、
投資家などにとって重要な関心事である

そのため、**本業による利益（営業利益）**と
本業以外の取引を含む利益（経常利益）
を区別している

コラム ブッ切り計算の限界

現代の会計は「期間損益」を計算することを前提に発展してきました。「継続企業」の場合、あらかじめ計算期間を定めて利益を計算し、その分配を定期的に行わなければならないからです。

しかしながら、「期間損益計算」なんていうものは、悪く言ってしまえば「ブッ切り」の計算に過ぎません。

会社の事業活動は、なにも利益計算をするために行われているわけではありません。会社は、「金儲け」のために永続的に活動しているのであって、その活動の成果を「利益」として計算しているだけです。

ですから、決算が何月にあろうが、そんなことと事業活動とは、無関係であると言ってしまっても過言ではありません。

ところが、一度「期間損益計算」というルールを作ってしまえば、それぞれの取引について、「これは今年、それは来年」といった具合に、区別をつけていかなければなりません。

最大の問題は、投資のタイミングと成果のタイミングが時間的にずれてしまう場合に、現代の会計ルールは上手に対処できないことです。

会社が、将来の成果を見据えて投資を行うなんてことは日常茶飯事です。

たとえば、従業員に勉強をさせたいと思って、さまざまな教育研修活動に多くのコストをかけます。しかし、それらの活動が実を結ぶのは、恐らくずっと先の話であることは容易に想像できます。少なくとも、この1年の間に勉強の成果として利益が上がるなんてことは、まず期待できません。これと似た活動は、会社内にいくらでもあるでしょう。

そういう意味で、「期間損益計算」には限界があるとしか言いようがないのです。

第4章

損益計算書の読み方の基本

1 費用として差し引ける売上原価は？

当期の売上高に対応しない費用は当期の利益計算から除かなくてはならない

「売上総利益」は「**売上高**」から「**売上原価**」を引いたものです。売上原価とは、簡単に言ってしまえば「仕入値」を表しています。「売上総利益」は、俗に言う「**粗利**」を示しています。

ここで、新たな会計ルールについて説明しなければなりません。それは、「**費用収益対応の原則**」というもので、「当期の売上高に対応しない費用は、当期の利益計算から除かなければならない」というルールです。

利益は「売上高から、その売上高の獲得に貢献した費用だけを差し引いて計算するべきである」という考え方をしているわけです。

ところで、事業にはさまざまな経費がかかりますが、「売上高獲得に対する貢献」と言われても厳密には定かではありません。貢献していると言えば貢献しているが、貢献していないと言われれば貢献していないという微妙な連中がたくさんいます。このため、「費用収益対応の原則」を厳密に適用するのは、なかなか難しいことになります。

「費用収益対応の原則」とは？

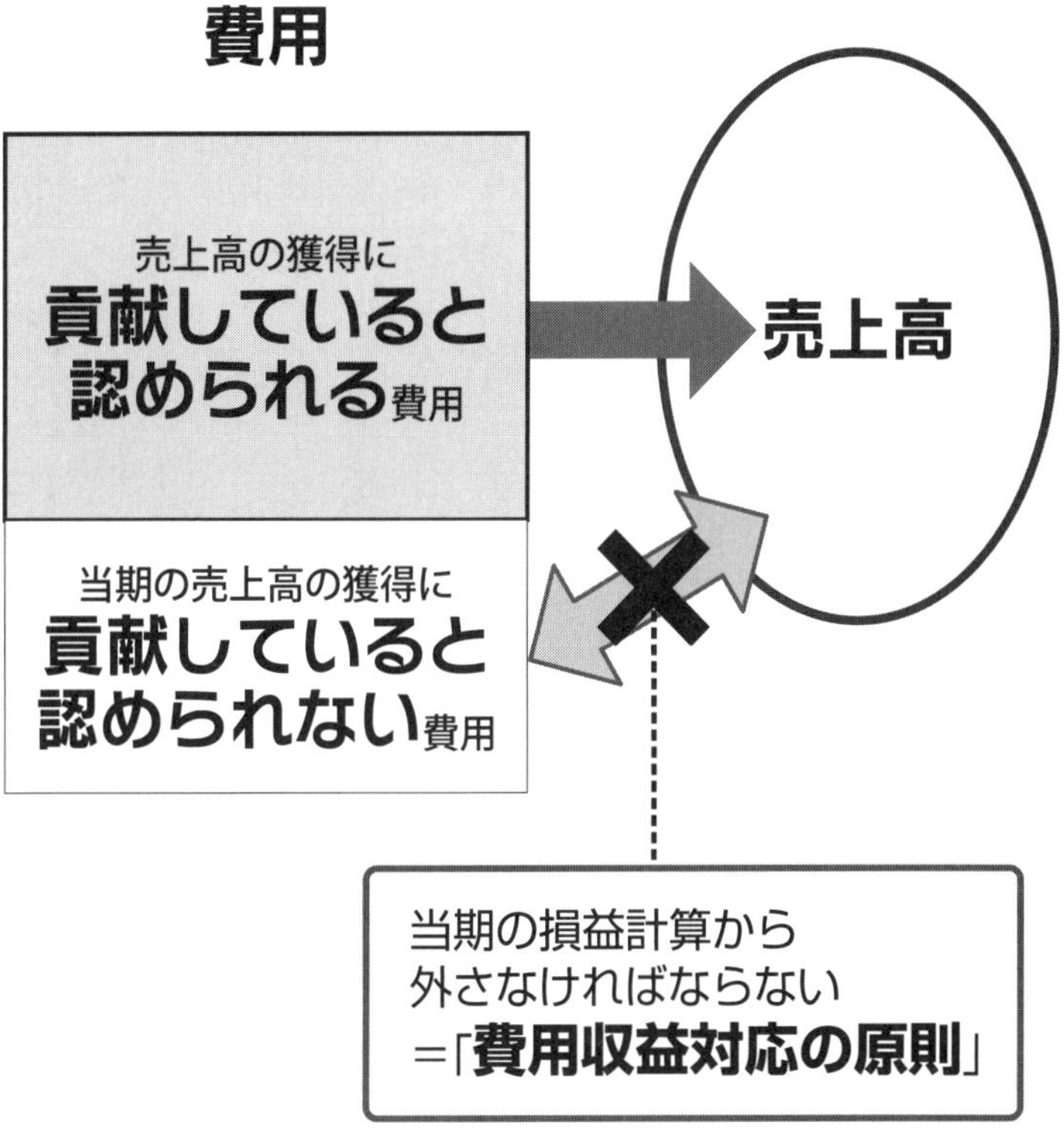
費用
売上高の獲得に
貢献していると
認められる費用
売上高
当期の売上高の獲得に
貢献していると
認められない費用
当期の損益計算から
外さなければならない
＝「費用収益対応の原則」

利益は、売上高から、その売上高の獲得に
貢献した費用だけを差し引くべきであり、
当期の売上に対応しない費用は、
「費用収益対応の原則」により、
当期の利益計算から除かなければならない

2

売れた分の仕入れは費用にできる

費用として認識できる売上原価は売れたものに対してだけ

「費用収益対応の原則」を適用させるには難しい部分もありますが、少なくとも商品の原価については、この区別は容易です。売れた分は売上高と対応していて、そうでない部分は売れ残りとして手元に残っているはずだからです。

このように、売上高と売上原価との対応は、具体的かつ厳密に確かめることができます。この場合の対応関係のことを「**個別対応**」と言います。

そうすると、売上高と、それと個別対応する売上原価とによって計算される「売上総利益」は、売上高との厳密な対応関係によって計算された利益であるとも言えるのです。

さて、前項で売上総利益は「粗利」を意味すると言いましたが、一般的に**「粗利」はその会社の競争力を示しています**。競争力が高い会社は、無理な値引きなどもせず高い粗利を維持しますが、競争力が低い会社は、少しでも多くの商品を買ってもらうために売値を下げざるを得ません。このため、競争力が低いと粗利が減ってしまう傾向にあると言えるわけです。

売上高と売上原価の「個別対応」とは？

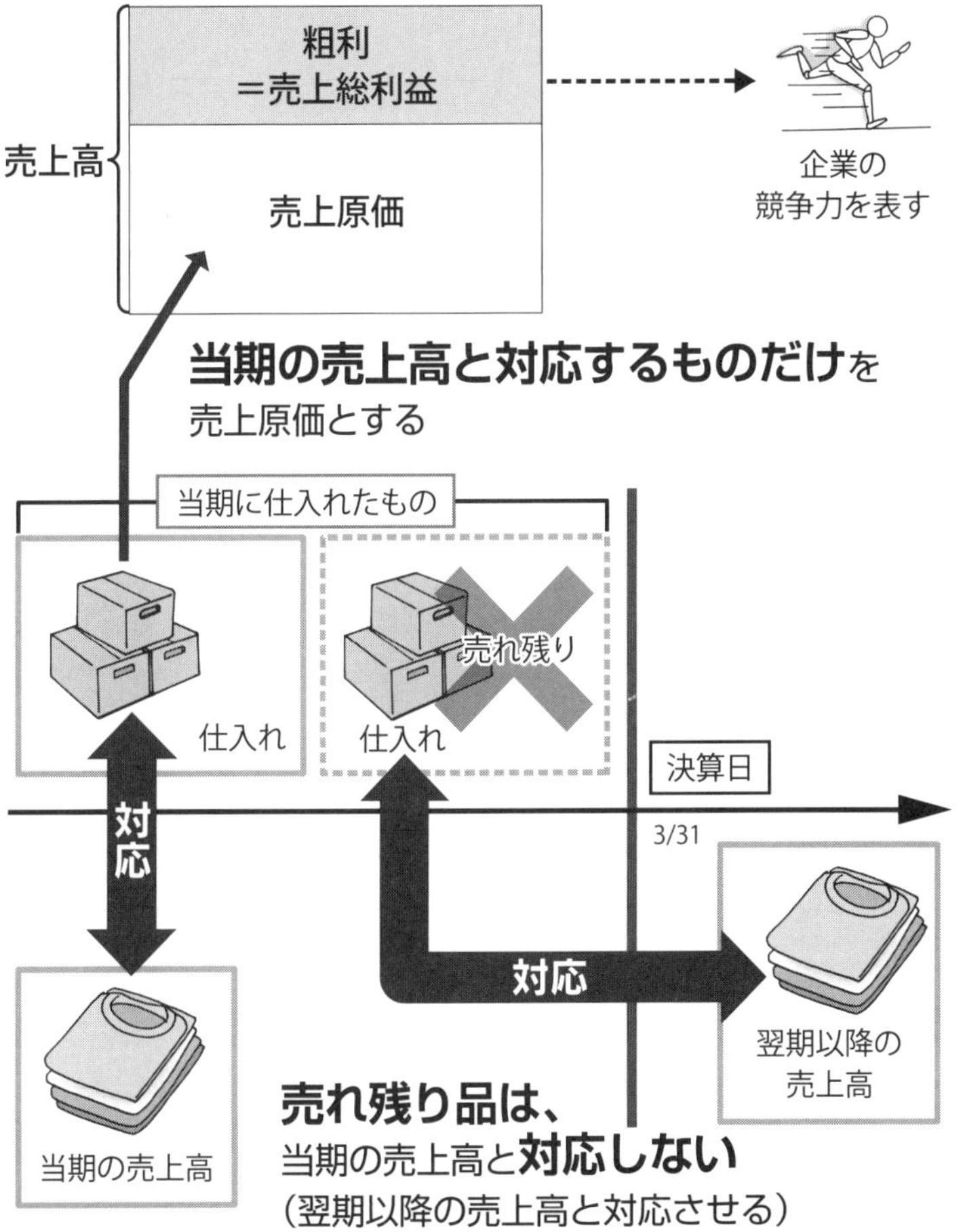
粗利
＝売上総利益
売上高
売上原価
企業の
競争力を表す
当期の売上高と対応するものだけを
売上原価とする
当期に仕入れたもの
仕入れ
売れ残り
仕入れ
決算日
3/31
対応
対応
当期の売上高
翌期以降の
売上高
売れ残り品は、
当期の売上高と対応しない
（翌期以降の売上高と対応させる）

売上原価は、売れたか売れ残ったかによって
「費用収益対応の原則」を厳密に適用できる。
これを「**個別対応**」と言う

3 売上高と売上原価の「個別対応」の計算方法

当期の仕入分から期末の売れ残りを差し引いて計算する

「費用収益対応の原則」は、期間損益の計算ルールとしてかなり重要なものです。売上総利益の計算において、これを厳密に適用することが可能であれば誠に喜ばしいことです。しかし、この話を真に受けるとかなり面倒なことになります。

商品が売れたときに、その都度、売上高を計上しなければならないのは仕方がないでしょう。面倒ですが、レジなどに打ち込んで記録しておく必要があります。ところが、売上原価は「売れた分の仕入値」だとすれば、こちらも販売するたびに、売れた商品ごとに仕入値を確認し、記録していかなければなりません。これは非常に面倒なことです。

このため、会計では「**当期に仕入れたものから、売れ残ったものを差し引く**」ことで、「売れた分」とすることが一般的です。

具体的には、売れるたびに売上原価を記録するという面倒なことはしないで、当期の仕入高に期首の売れ残りを足し、期末の売れ残りを引くことで、結果的に「売れた分の仕入値」を計算するわけです。損益計算書もそのような書き方になっています。

当期の売上原価を算出する「三分法」

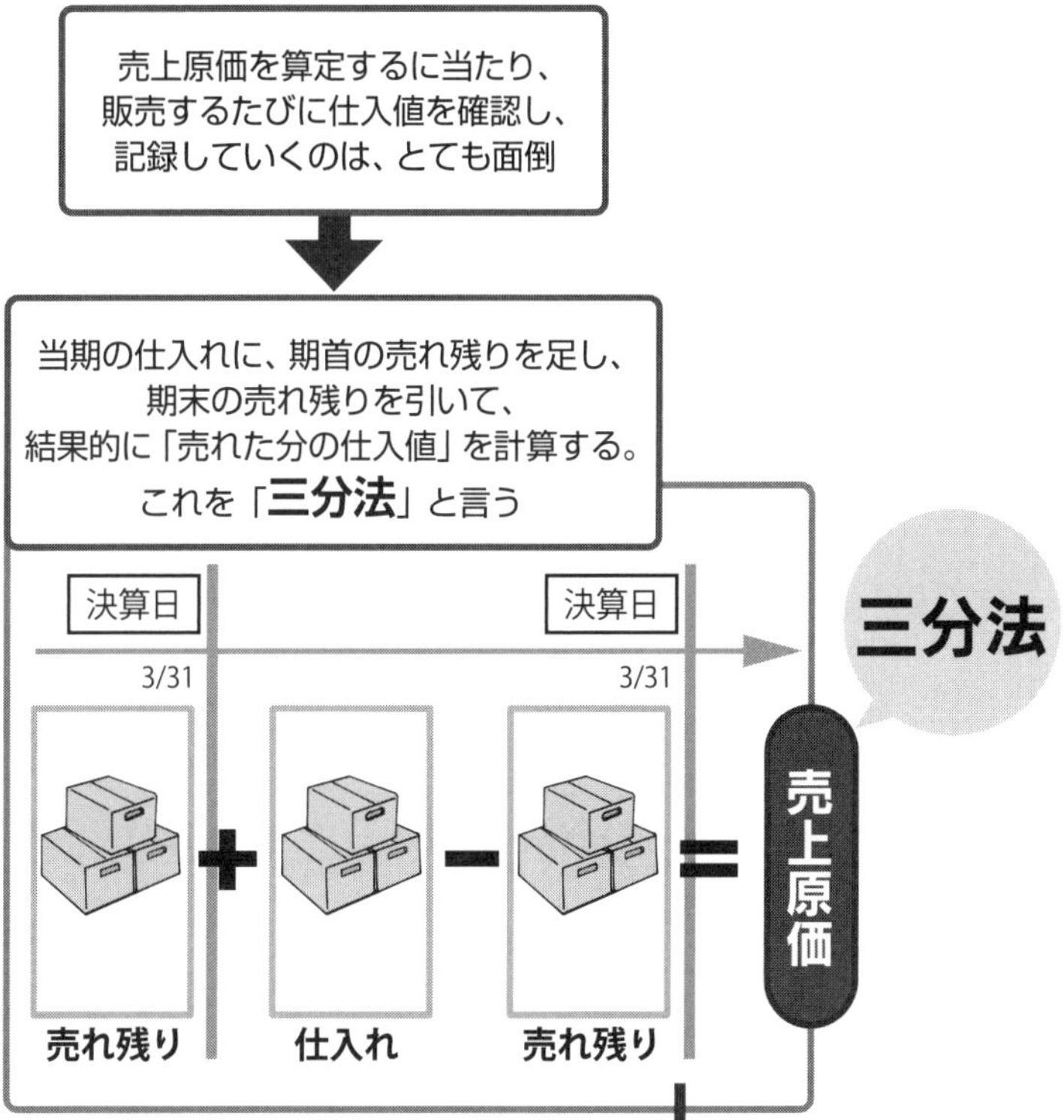
売上原価を算定するに当たり、
販売するたびに仕入値を確認し、
記録していくのは、とても面倒
当期の仕入れに、期首の売れ残りを足し、
期末の売れ残りを引いて、
結果的に「売れた分の仕入値」を計算する。
これを「**三分法**」と言う
決算日
3/31
決算日
3/31
三分法
売れ残り
仕入れ
売れ残り
売上原価

損益計算書

自 平成23年4月1日　至 平成24年3月31日

売上高	635,000
期首棚卸高	59,000
当期仕入高	441,000
小計	500,000
期末棚卸高	▲48,000
売上原価	452,000

損益計算書でも、
このような計算方法
で表示している

4 「販管費」はどうやって計上されるの？

販売費及び一般管理費と売上高との対応は「期間対応」といういい加減なもの

「売上総利益」から「販売費及び一般管理費（販管費）」を引くと、本業による利益として「営業利益」が計算されます。

売上高との厳密な対応関係を確認できる費用は、売上原価として処理されていますので、**「販管費」とは「売上高との厳密な対応関係を確認できない費用」**であるとも言えます。

確かに、人件費や家賃、広告費など「経費」と呼ばれるものの多くは、果たして本当に売上の獲得に貢献しているのか微妙な場面もあります。さんざん接待したのに受注に至らなかった場合の接待費、銀行に行くために使った交通費など、いずれも売上高との対応関係が認められません。

とは言うものの、ひとつひとつの動作について対応関係を吟味するのは大変です。そこで、会計では「売上高と同じ期間に発生した経費については、その期間における売上高との対応関係を認める」ということになっています。

これを、売上原価の場合の「個別対応」に対して、**「期間対応」**と呼びます。

経費の「期間対応」とは？

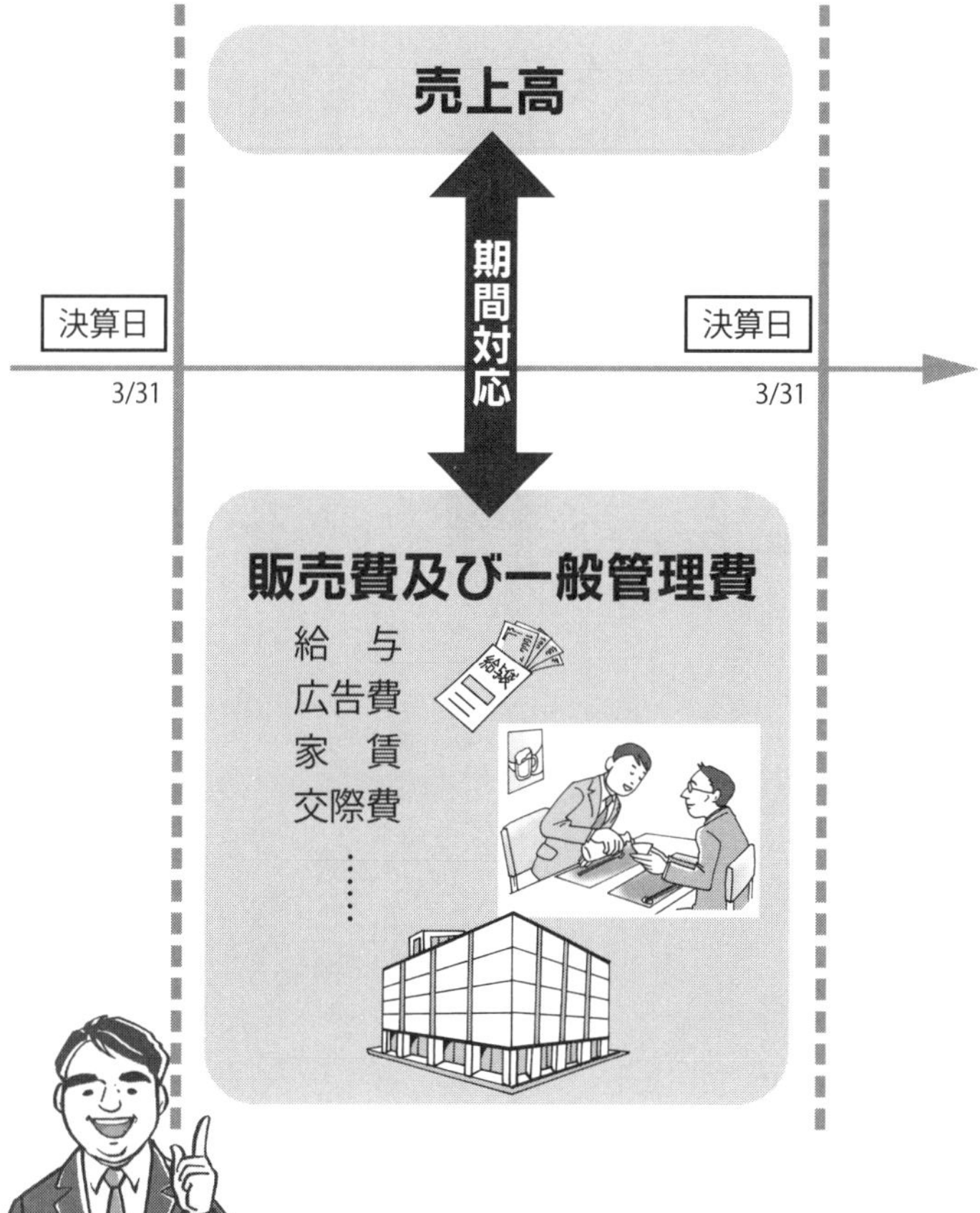

売上高
期間対応
決算日
3/31
決算日
3/31
販売費及び一般管理費
給　与
広告費
家　賃
交際費
……
給与

「販管費」は「売上高との厳密な対応関係を確認できない費用」であるため、「**売上高と同じ期間に発生した経費**については、その期間における売上高との対応関係を認める」としている。

これを「**期間対応**」と言う

5 「営業利益」の本当の意味は？

営業利益は財務構造の影響を除いた、本業からの純粋な利益を表す

前章の84ページで「**営業利益**」は「本業による利益」と説明しましたが、これはちょっと微妙な説明です。私も以前から、この表現はかなり理解しづらいと感じています。

確かに、建設業を営む会社が、賃貸用マンションを所有していて毎月家賃を受け取っているようなケースでは、建設業が本業でマンション賃貸は副業と言えないこともありません。しかし、企業の事業は多様化していますから、**本業、副業の区別はそれほど意味がなく、どちらも頑張って稼ぐべき**ではないでしょうか。

そうなってくると、「経常利益」と「営業利益」を、わざわざ区別する必要はそれほど感じられないというのが本音です。

ここで、「営業利益」と「経常利益」との間にある「**営業外収益**」と「**営業外費用**」に着目してみると、さらに疑問が湧いてきます。

左の図にある通り、この項目には「受取利息」や「支払利息」などの金融的な収益や費用が含まれています。「商売のために借金したのに、その利息は本業とは関係がないとは

稼ぐのに本業と副業の区別は必要か？

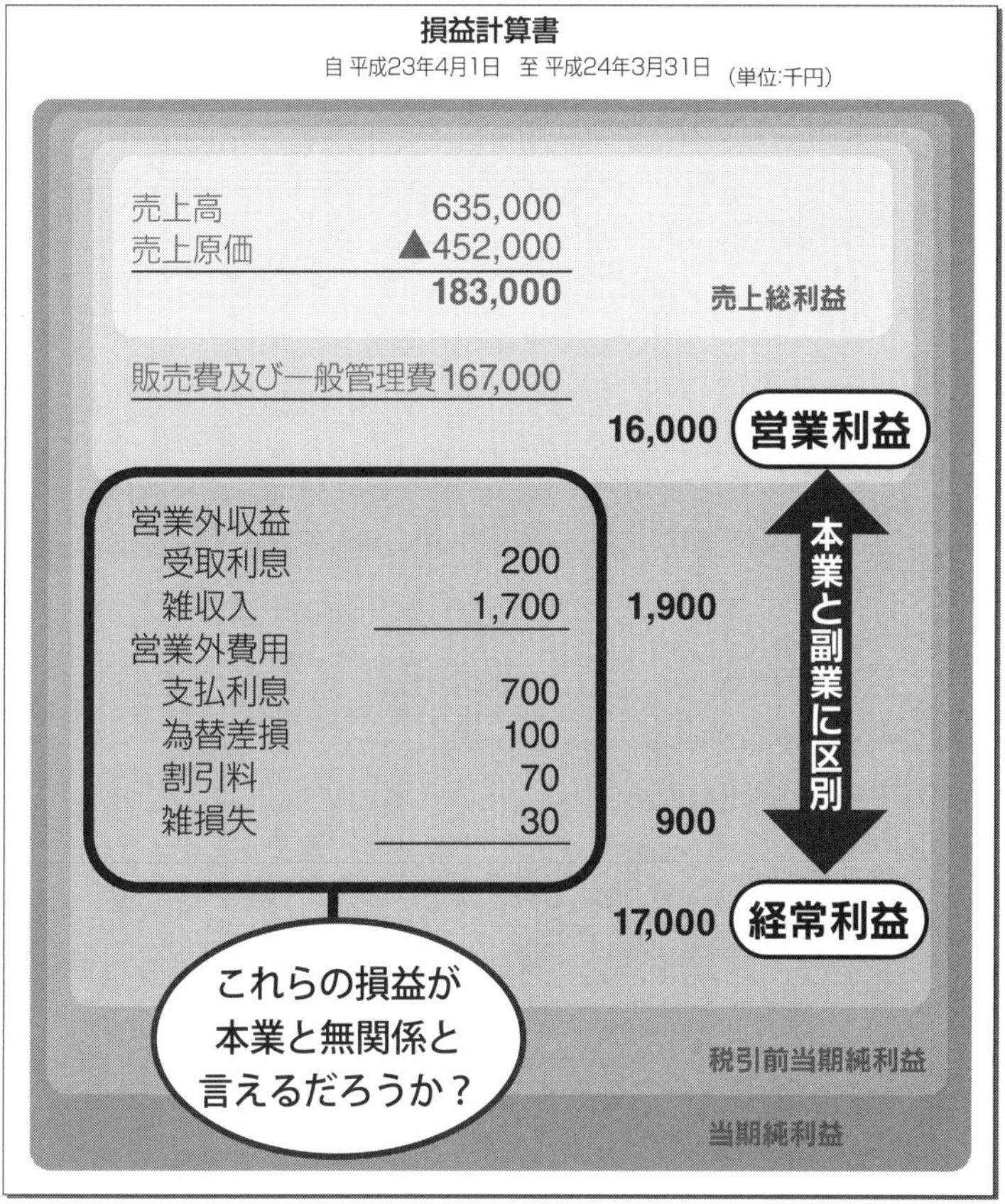

損益計算書

自 平成23年4月1日 至 平成24年3月31日 (単位:千円)

売上高	635,000	
売上原価	▲452,000	
	183,000	売上総利益
販売費及び一般管理費	167,000	
	16,000	**営業利益**
営業外収益		
受取利息	200	
雑収入	1,700	1,900
営業外費用		
支払利息	700	
為替差損	100	
割引料	70	
雑損失	30	900
	17,000	**経常利益**
		税引前当期純利益
		当期純利益

これらの損益が本業と無関係と言えるだろうか？

企業の事業は多様化しているため、
本業・副業の区別なく、
いずれも頑張って稼ぐべきであり
区別する必要性が薄いのでは？

何事だ！」――そう怒鳴りたくなるような状況ではありませんか。

◆財務構造の影響を除いた利益

しかし、次のような例を考えると、「営業利益」の意味は明らかになってきます。

2軒のラーメン屋があったとしましょう。A店は資産家がオープンした店で、初めから無借金でスタートしています。これに対して、B店はオーナー・シェフが脱サラをして始めた店です。情熱は誰にも負けませんが、開業資金はほとんどを借金に頼っています。

A店は借金がないわけですから、利息も支払う必要はありません。一方、B店は毎年の利息負担があります。「経常利益」、すなわち毎期の経常的な「稼ぐ力」という意味では、B店の利息負担は足を引っ張ることになるでしょう。

ここで視点を変えて、「純粋にラーメン屋として考えた場合、どちらの店が稼ぐ店なのか」ということを考えてみましょう。これは「借金があるとかないとか、そういうことを無視してみよう」ということであり、さらに「**もしもB店に借金がなかったとしたら、本当のところ、どのくらい稼ぐのか**」ということでもあります。

すると、「営業利益」は、まさにそういうことを表しているのです。「本業による利益」というのは、「**財務構造の影響を除いた利益**」という意味なのです。

財務構造を除いた利益＝営業利益

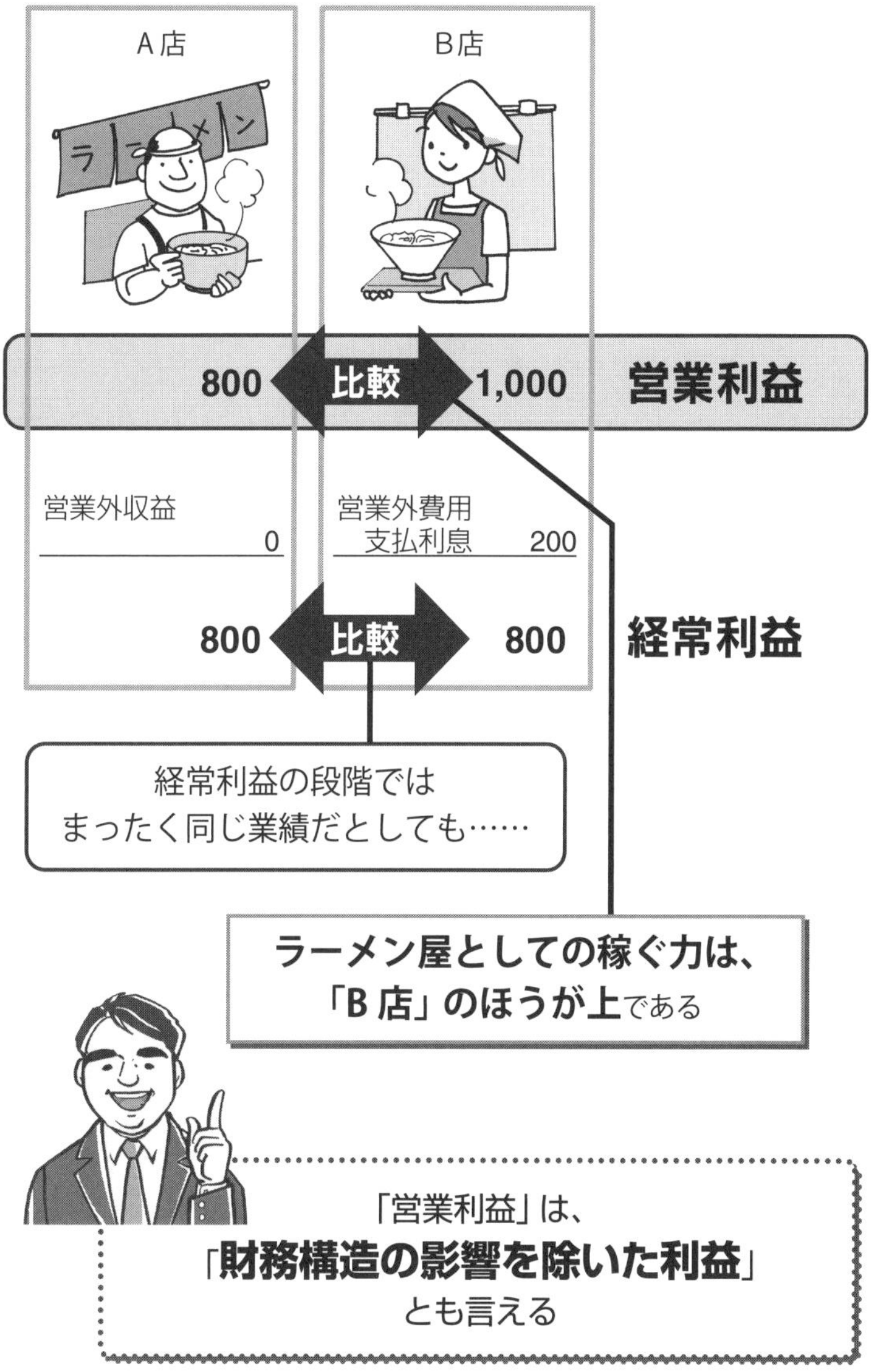
A店
B店
ラーメン
800
比較
1,000
営業利益
営業外収益
0
営業外費用
支払利息
200
800
比較
800
経常利益
経常利益の段階では
まったく同じ業績だとしても……
ラーメン屋としての稼ぐ力は、
「B店」のほうが上である
「営業利益」は、
「財務構造の影響を除いた利益」
とも言える

6 「営業外項目」とはどんなもの？

利息や配当など財務構造にかかわる損益の溜まり場

営業外収益と営業外費用（営業外項目）は、いずれも「営業利益」の計算から除かれていますが、経常性は認められるために「経常利益」の計算には含められています。

このため、副業と断定できる取引から生ずる損益が営業外項目として処理されるだけでなく、**財務構造にかかわる収益や費用も営業外項目**として処理されます。

ここで言う財務構造とは、簡単に言ってしまえば、お金が余っているとか、お金が足りないとか、そういう状況のことです。

ですから、お金が余ったので銀行に預けておいたら利息がついたとか、お金が足りないので銀行から融資を受け利息を支払ったとか、そういう取引は営業外項目となるわけです。

このほかにも、お金が余ったので株を買ったが値下りしてしまったので売ったときに損をしたとか、ドル預金をしていたら急に円高になって損しちゃったといった取引も、本業の利益計算から除いておくべきでしょう。

営業外項目は、経常性が認められながら本業の利益計算から外されたあぶれ者なのです。

「営業外収益」と「営業外費用」

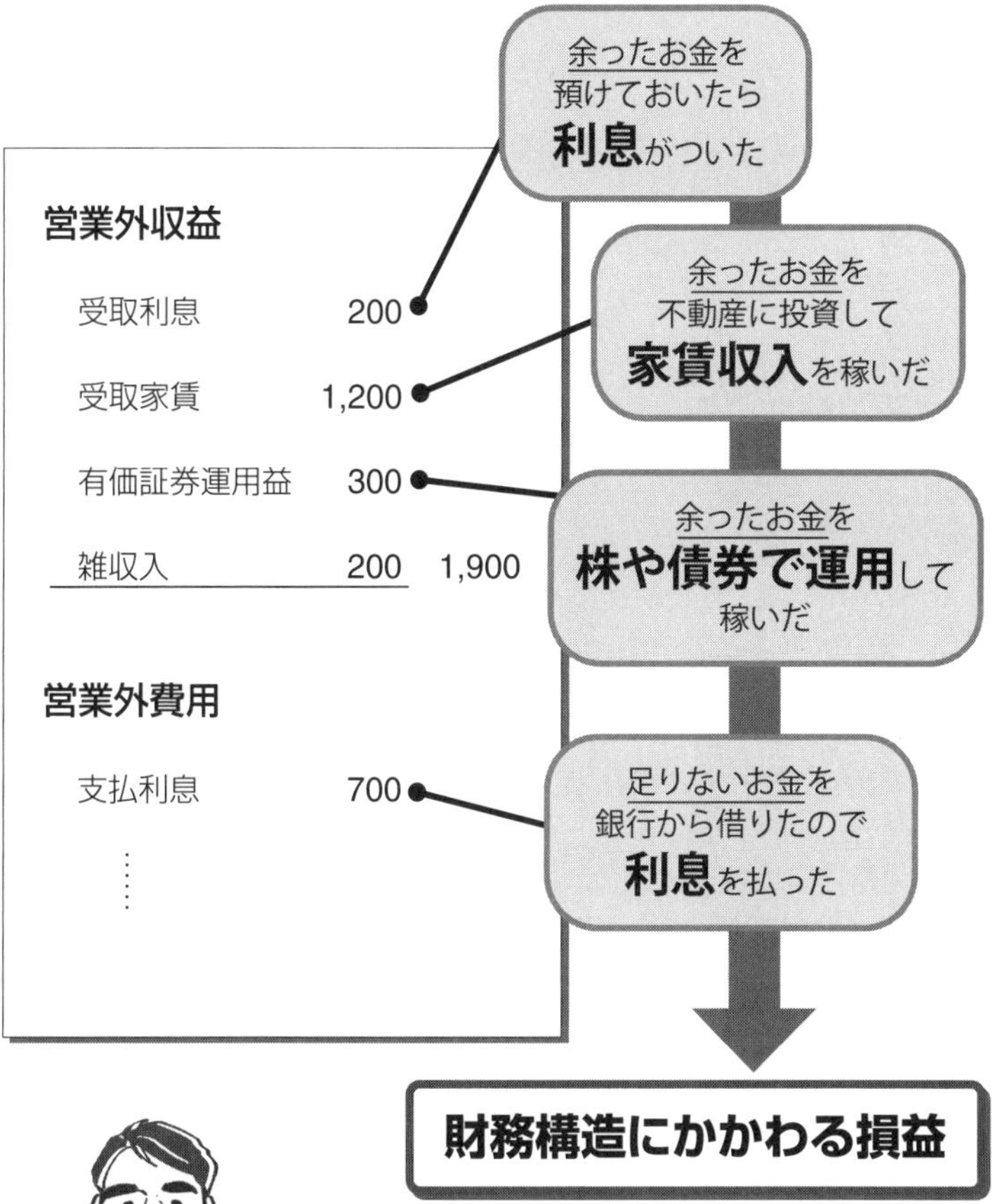
営業外収益
受取利息 200
受取家賃 1,200
有価証券運用益 300
雑収入 200 1,900
営業外費用
支払利息 700
余ったお金を預けておいたら利息がついた
余ったお金を不動産に投資して家賃収入を稼いだ
余ったお金を株や債券で運用して稼いだ
足りないお金を銀行から借りたので利息を払った
財務構造にかかわる損益

営業外収益や営業外費用は、
副業とされる取引から生ずる損益だけではなく、
財務構造にかかわる損益も含まれる

7

「特別利益」や「特別損失」とはどんなもの？

経常性が認められない特別利益や特別損失は損益計算書の最後で加減しておく

経常性が認められない収益や費用は、「特別利益」や「特別損失」として取り扱われます。営業外項目が「営業外収益」「営業外費用」といったように、「収益、費用」と名づけられているのに対して、「特別利益」や「特別損失」といった特別項目は「利益、損失」と名づけられています。これは、最終的な利益の計算のために計算に含めなければならないが、そもそもの利益計算の目的である「業績の計算」という側面から見れば、単純に「経常利益」に足したり引いたりしておけばいいという程度の扱われ方であることを物語っています。

特別項目は臨時的なものですが、**過年度の損益を修正する**ような場合にも特別項目で処理されます。これは、期間損益計算の中では、あくまでも当期の利益を計算したいのであって、過去の修正は場違いだということです。

また、**固定資産の売却**による損益も特別項目とされます。これは「使うために買った物を売っちゃうなんて」という考えで、毎年発生していても特別項目としなければなりません。

「特別利益」と「特別損失」

●特別利益

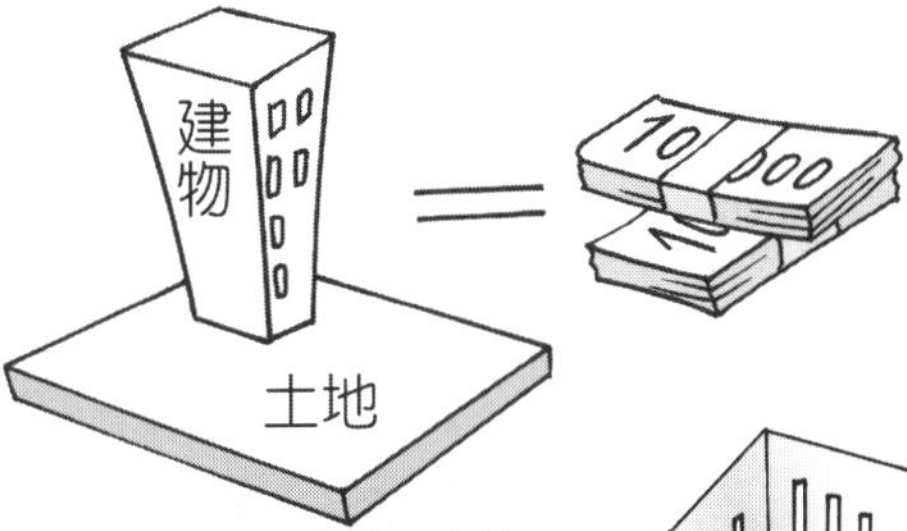

使わなくなった倉庫の土地
と建物を売った利益

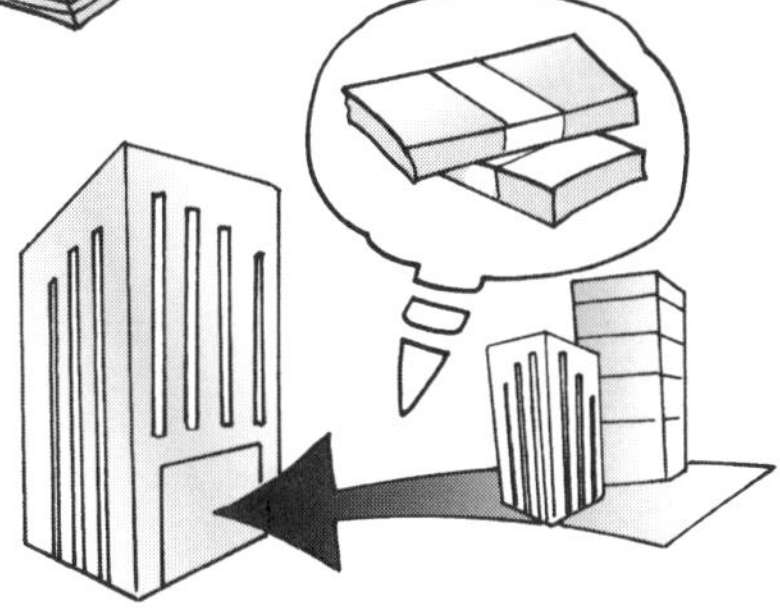

子会社を他社に売って
得た利益

●特別損失

災害による損失

お店を閉店したときに
かかった損失

売れそうもない在庫を
見切って捨てた損失

8 最終的な会社の利益は「税引後」

すべての計算の後、インカム・タックスを引いて「当期純利益」が計算される

税金の話もしておきましょう。会社が毎期支払わなければならない税金の中には、印紙税や固定資産税のように、会社の利益と無関係に計算されて納税するものもありますが、会社の利益にもとづいて税額が計算される税金もあります。

後者の代表格は**法人税**です。これに加えて、**法人住民税**や**事業税**といった税金も利益を基準に税額が計算される税金です。このような税金は「**インカム・タックス**」と呼ばれることもあります。

損益計算書では、この「インカム・タックス」は一番最後に引くこととされています。取引によって発生したすべての収益や費用から計算された利益を「税引前当期純利益」として、そこから「法人税、住民税及び事業税」を引いて、最終的な「当期純利益」を計算するわけです。

ちなみに、利益と無関係な税金は、ただの経費に過ぎませんので「販売費及び一般管理費」に含められることとされています。

「税引前当期純利益」と「当期純利益」

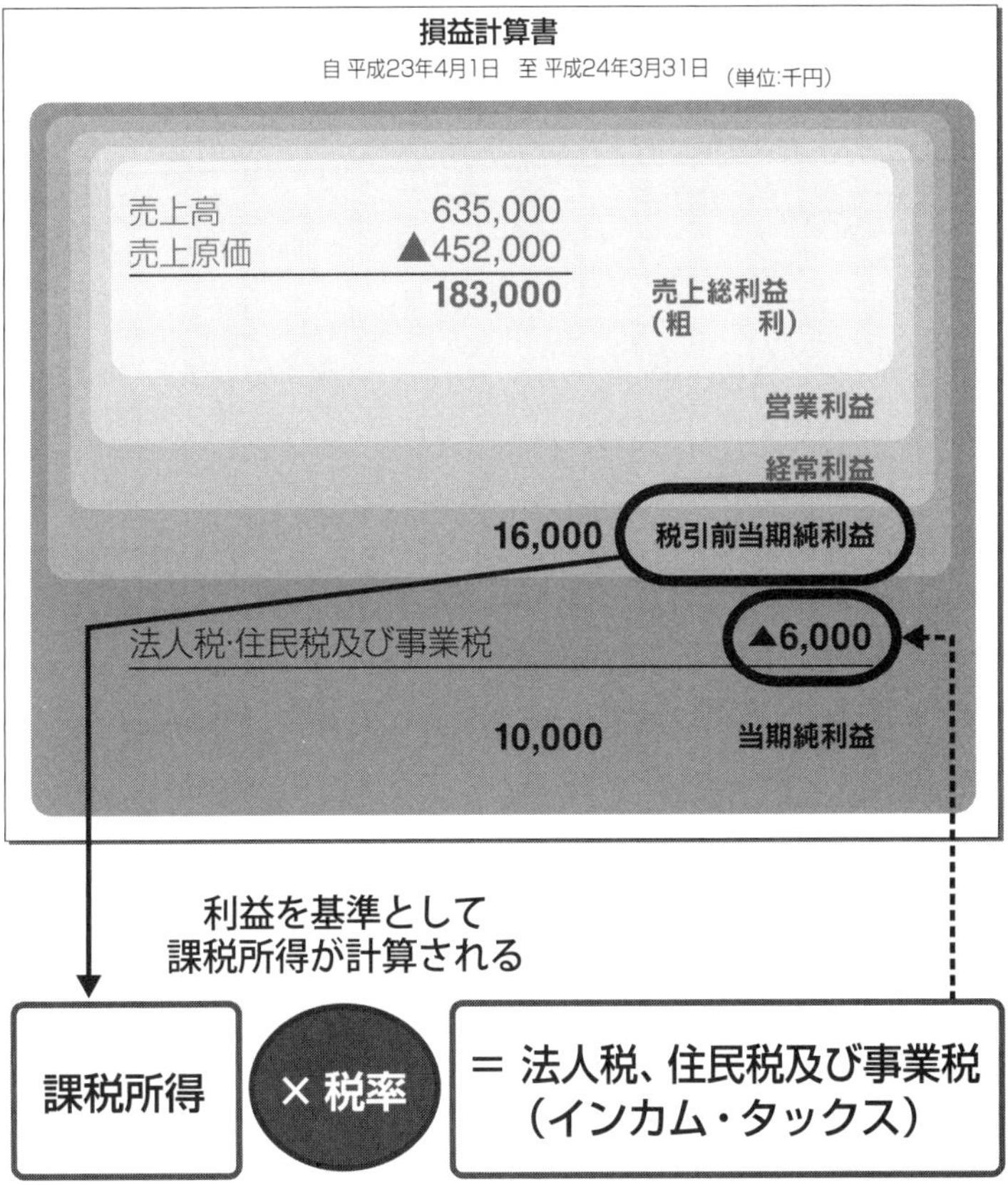
損益計算書
自 平成23年4月1日 至 平成24年3月31日 (単位:千円)
売上高 635,000
売上原価 ▲452,000
183,000 売上総利益（粗 利）
営業利益
経常利益
16,000 税引前当期純利益
法人税･住民税及び事業税 ▲6,000
10,000 当期純利益
利益を基準として課税所得が計算される
課税所得
×税率
＝法人税、住民税及び事業税（インカム・タックス）

税金を差し引き、最終的な「**当期純利益**」が算出される。
税金を差し引いた後の利益なので「**税引後利益**」とも言われている

コラム 製造業と原価計算

第1章で焼ソバ屋の話をしましたが、焼ソバ屋のように、さっさと作った焼ソバをさっさと売っていく商売と比べて、製造に時間がかかったり、製造したものを在庫しておかなければならないような業種では、会計の仕組みが多少変わってきます。

たとえば、自動車メーカーは材料としてさまざまな部品を使い、それらを組み合わせて加工しています。できあがった自動車は、そういった部品のほかに、その加工に携わった職人の労働も組み合わされていると言えます。そうすると、完成した自動車を売れるまで保管していた場合、その自動車に値段をつけるとすれば、部品代や人件費などを集計しなければならないでしょう。そして、それらの製品に対して「費用収益対応の原則」を適用して「売上原価」を計算するという2段階の計算が必要となります。

このように、製品を作るためにかかった費用のことを「製造原価」と言い、製品に対して「製造原価」を集計し、製品1単位の原価を計算することを「原価計算」と言います。

こういった製造業にあっては、決算書が報告書として役立つためには「損益計算書」だけでは不十分です。

「原価計算」の過程も報告しなければならないため、「損益計算書」の付随資料として「製造原価報告書」という書類を余計に作成して添付することとされています。

ちなみに、焼ソバにも、麺や肉、野菜、ソースなどに調理人の労働が組み合わされています。しかし、一皿の焼ソバを作るのに何日もかかったり、作った焼ソバを売れるまで保管するようなこともないので、必ずしも「製造原価報告書」を作成する必要はありません。

第5章

貸借対照表の読み方の基本

1

貸借対照表のさまざまな項目

「資産」「負債」「純資産」の項目は性質の違いで分類されている

貸借対照表では、流動固定分類によって、資産は流動資産と固定資産とに区分されています（66ページ参照）。そして、さらに資産の種類ごとに分類して記載されています。

これは、負債や純資産についても同様で、まさに財産の目録とでもいうような細かい分類がなされています。これらを「**貸借対照表科目**」と呼びます。

貸借対照表で、わざわざこのような分類をしていることには理由があります。それは、それぞれの資産、それぞれの負債によって、その性質が異なるからです。

たとえば、資産の部に計上されている「現金」と「棚卸資産」とは、いずれも流動資産として取り扱われますが、その性質には雲泥の差があります。「現金」を決済手段として使うことは当たり前ですが、「棚卸資産」を使って支払いを済ませることは一般的ではありません。そんなことをお願いしたら、取引先に変な顔をされても文句は言えませんね。

貸借対照表を本気で読むのであれば、これらの性質の違いについても、ある程度知っておくべきでしょう。それでは、次項から順番に見ていくこととしましょう。

いろいろな「貸借対照表科目」

貸借対照表
平成24年3月31日現在

資産	負債
流動資産 現金預金 受取手形 売 掛 金 有価証券 棚卸資産 短期貸付金 ⋮	**流動負債** 支払手形 買 掛 金 短期借入金 預 り 金 ⋮
固定資産 有形固定資産 車両 無形固定資産 ソフトウェア 投資その他の資産 長期性預金 投資有価証券 ⋮	**固定負債** 長期借入金 長期未払金 ⋮
	純資産 資本金 資本剰余金 利益剰余金

貸借対照表では、
それぞれの資産や負債の種類によって
その性質が異なるため、詳しい分類がなされている。
これらを「**貸借対照表科目**」と呼ぶ

2

「現金・預金」の数字はどうやって読む？

現金や預金は、少な過ぎると危ないし抱え込んでいるのも非効率

まずは、資産の部の科目について見ていきましょう。資産は流動資産と固定資産とに大別されています。この流動資産をさらにざっくりと分類すると、**「お金」「売上債権」「有価証券」「棚卸資産」「その他」**という5つに分けることができます。

「お金」とは現金や預金のことです。何かを買ったりするときの支払手段となる、最も流動性の高い資産です。

お金はリスクの高い資産ではありません。しかし、その保有量には注意が必要です。会社は支払いが滞るようになると倒産してしまいますから、支払手段である現金や預金を十分に持っておくことは大事なことです。しかしながら、その一方で、会社は株主から集めた資本を事業で運用して利益を上げなければならないという宿命があります。ですから、闇雲にお金を抱え込んで、そのままじっとしているわけにもいきません。

そういう意味では、会社は現金や預金を、安全かつ最も効率的な水準で保有し続けなければならず、少な過ぎても多過ぎてもダメなのです。**バランス感覚が重要**なのです。

最も流動性が高い「現金・預金」

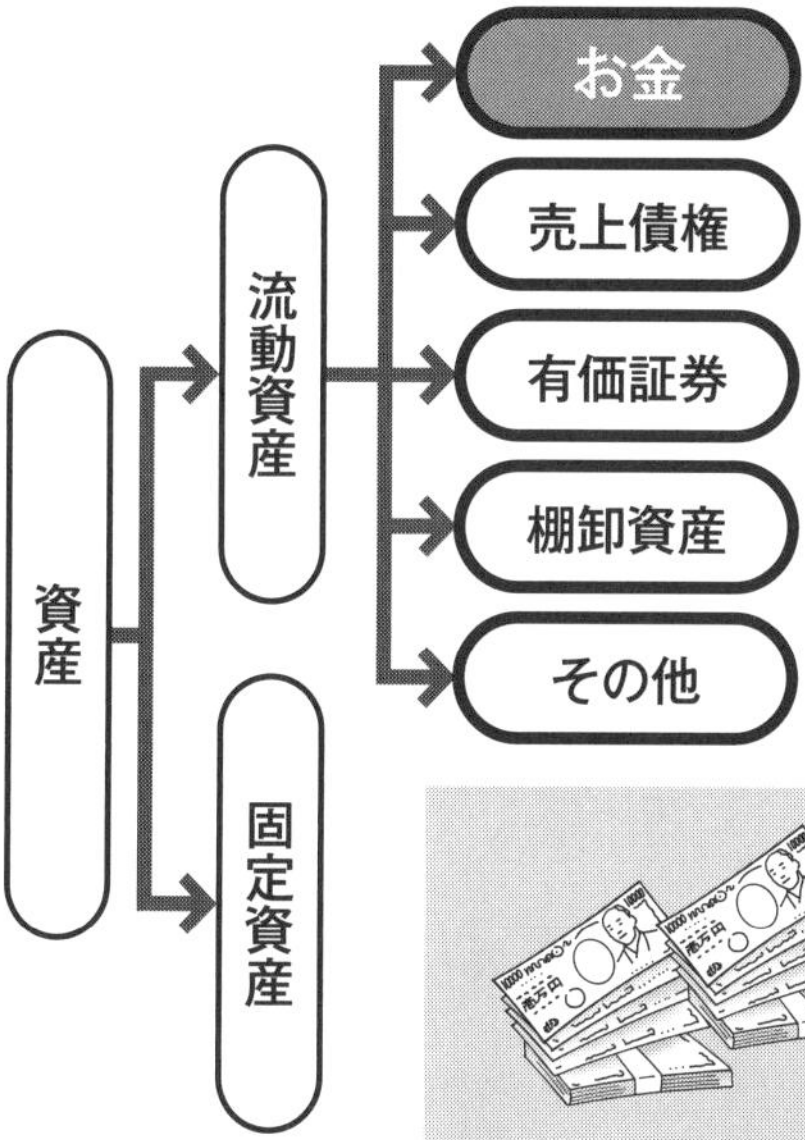

現金・預金

支払いが滞ると倒産してしまうため
「お金」を十分に持っておくことは重要

必要以上の「お金」を、
運用しないまま抱え込んで
じっとしているわけにもいかない

会社は現金や預金を、
安全かつ最も効率的な水準で
保有し続けなければならない。
少な過ぎても多過ぎてもダメ
というバランス感覚が重要

3 「売上債権」の数字はどうやって読む？

売上債権は、取引先が破綻すれば回収不能になる危険性をはらんでいる

売上債権とは、売上高の代金がいまだに回収されていない場合の請求権のことです。現代企業のほとんどは現金取引ではなく、「信用取引」という期日を定めた後払いの取引を行っています。ですから、小売業を除けば、ほとんどの場合、売上代金はただちに現金や預金として受け取ることはできず、いったん債権となります。

そして、債権の中でも売上債権は、「正常営業循環基準」によって問答無用で流動資産とされます。これは、あくまでも売上債権のみの取扱いであって、販売取引と関係のない債権については、ワン・イヤー・ルールによって流動か、固定かを決定します。

このため、売上債権とそれ以外の債権とは、完全に区別しなければなりません。

売上債権で気をつけなければならないことは、取引先が破綻するようなことがあれば、この債権を回収できない危険性があることです。

もしも、売上債権がおかしな増え方をするようであれば、回収がうまくいかない**不良債権が発生しているかもしれない**と疑うべきかもしれません。

「受取手形」「売掛金」とは？

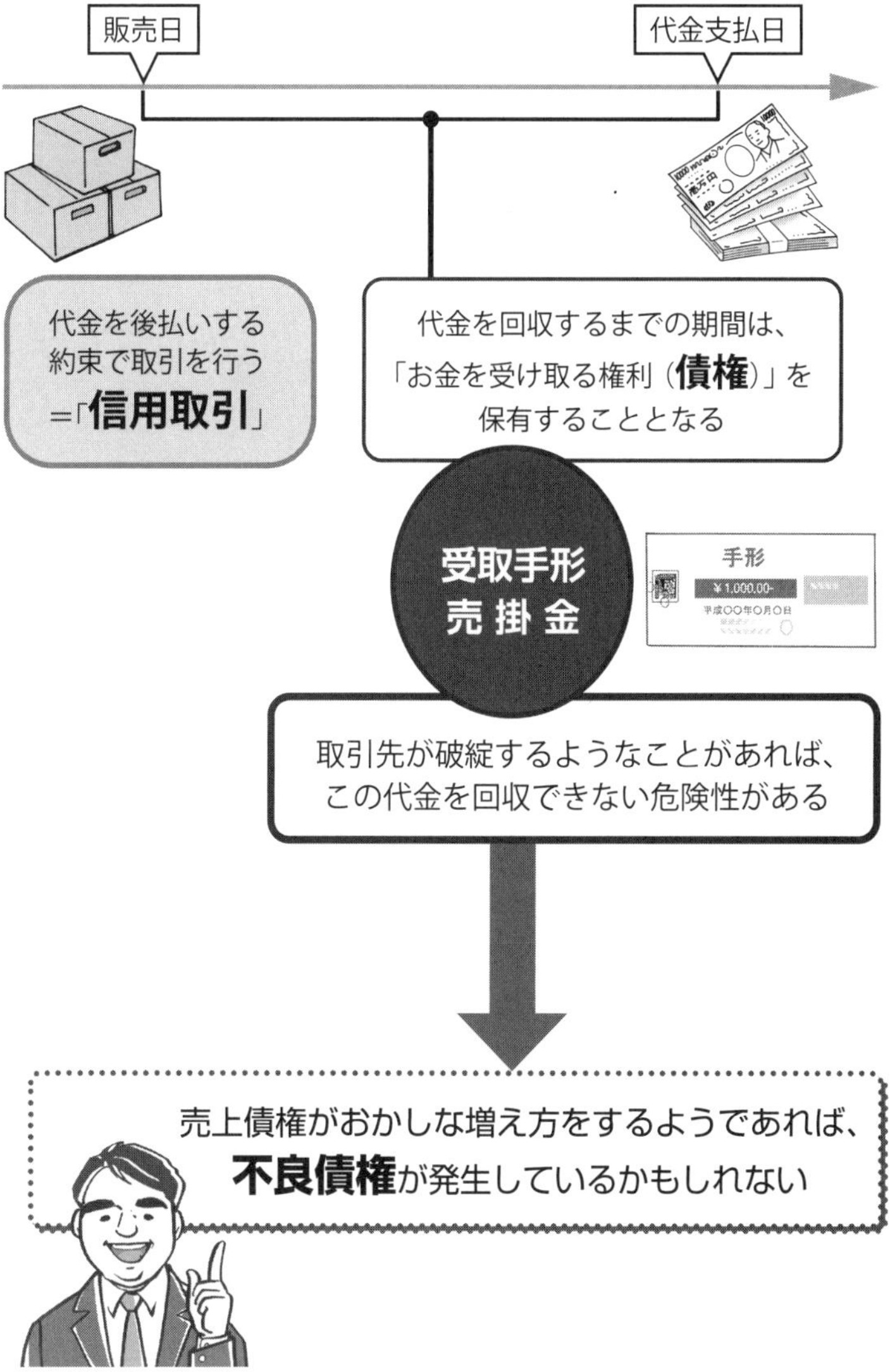
販売日
代金支払日
代金を後払いする
約束で取引を行う
=「**信用取引**」
代金を回収するまでの期間は、
「お金を受け取る権利（**債権**）」を
保有することとなる
受取手形
売 掛 金
手形
取引先が破綻するようなことがあれば、
この代金を回収できない危険性がある
売上債権がおかしな増え方をするようであれば、
不良債権が発生しているかもしれない

4 「有価証券」の数字はどうやって読む？

有価証券は保有目的によって分類され、時価で評価されることがある

有価証券とは株や債券のことです。会社がこれらを保有する目的はさまざまで、その保有目的の違いによって会計的な取扱いも違ってきます。

たとえば、余った資金を運用する場合があるでしょう。当面使うあてのないお金で株式や債券を買っておき、値上がりしたらそれらを売却して**値上がり益を狙う**わけです。

この場合の有価証券は、いつまでも長期にわたって保有し続けるつもりはなく、儲かるのであれば速やかに手放して資金を回収したいと思っています。

このため、このような「短期の売買によって値上がり益を稼ごう」という目的で保有する有価証券は、**流動資産**に区分されます。

この有価証券の特徴は、相場の変動によって利益が出ることもあれば、損失が出ることもあり、つねに**相場変動のリスクを背負っている**という点です。

このため、単純な取得原価主義を適用して、いつまでも買ったままの金額で貸借対照表に載せておくようなことがあれば、気がついたときには取り返しがつかないほど値下りし

「有価証券」とは？

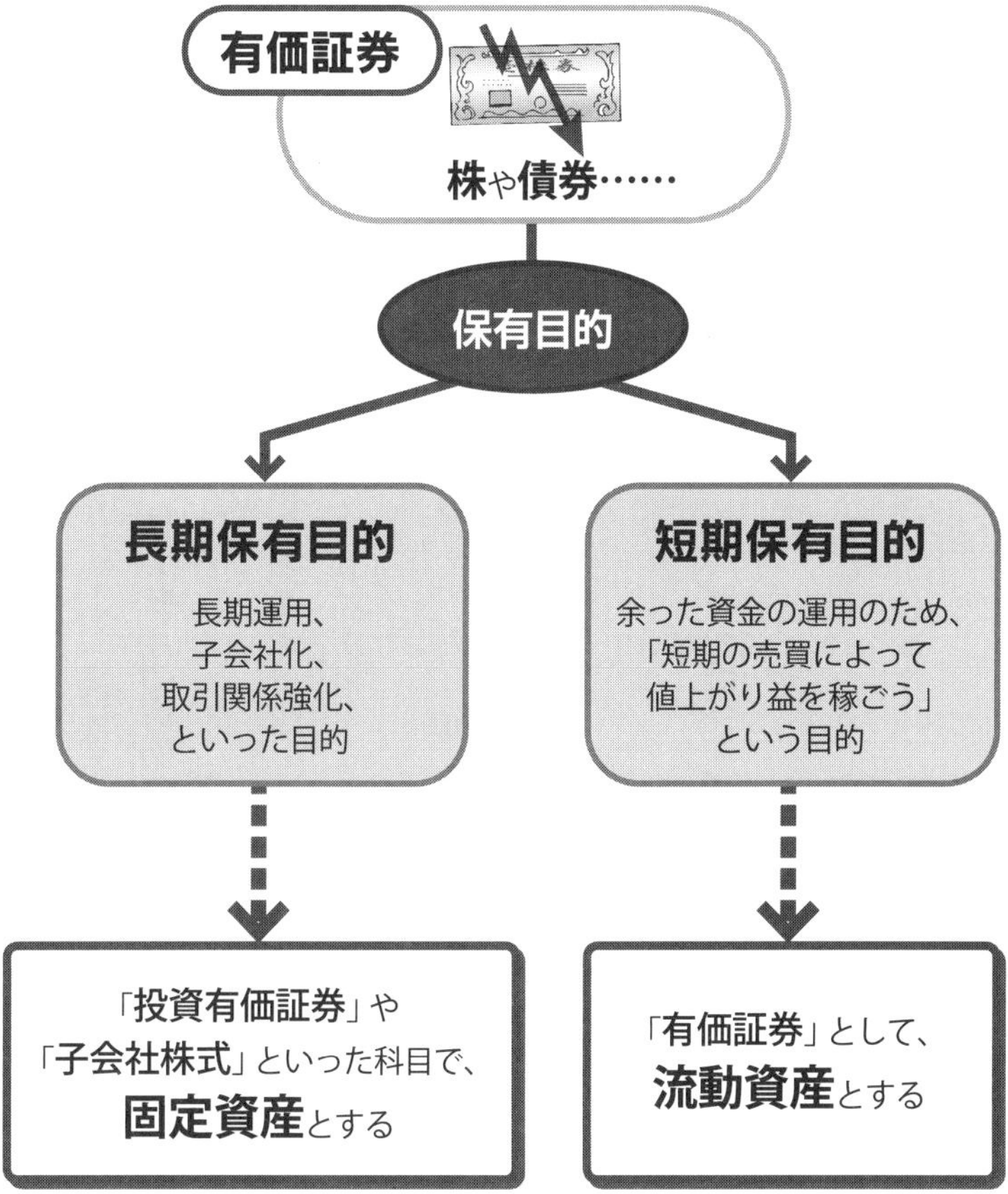
有価証券
株や債券……
保有目的
長期保有目的
長期運用、
子会社化、
取引関係強化、
といった目的
短期保有目的
余った資金の運用のため、
「短期の売買によって
値上がり益を稼ごう」
という目的
「投資有価証券」や
「子会社株式」といった科目で、
固定資産とする
「有価証券」として、
流動資産とする

相場の変動によって、
利益が出ることもあれば損失が出ることもあり、
つねに**相場変動のリスク**を背負っている

てしまっているという事態に陥りかねません。

そうなると、貸借対照表が誤った情報を報告することにもなります。それを防ぐために、有価証券については、**期末時点の時価**に置き換えるという手続きが必要とされています。これを「有価証券の期末評価」と言い、もしも値下りをしていたならば、売却する前であっても「評価損」という損失を計上しなければなりません。反対に、値上がりしている場合には「評価益」という利益を計上することが必要です。

◆短期売買以外を目的とする有価証券

有価証券を保有する目的は、「短期売買」だけに限りません。

売買を予定せずに、3年とか5年といった期間にわたって、**じっくりと利息や配当の収入を獲得**しようとする運用もあるでしょう。また、その会社を**子会社にする**ために株を保有することもあるでしょうし、**取引関係を強化**するために取引先の株を保有することもあります。

これらの有価証券は、長期保有を前提とするため流動資産とすることはできませんので、**固定資産**として区分されることになります。

「有価証券」は時価で評価する

有価証券を 1,000 円で購入したとすると
取得原価は 1,000 円となる

時価が 600 円まで
値下りしたところで、
決算日を迎えたならば……

「**評価損**」を 400 円計上して
有価証券の評価額を
600 円として
貸借対照表に計上

時価が 1,700 円まで
値上がりしたところで、
決算日を迎えたならば……

「**評価益**」を 700 円計上して
有価証券の評価額を
1,700 円として
貸借対照表に計上

単純な取得原価主義を適用し続けると、
重大な価格変動を報告することができず、
誤った情報を報告することになる。
そのため、有価証券については、
期末時点の時価に置き換える手続きが必要

5

「棚卸資産」の数字はどうやって読む？

在庫は単なる売れ残り。余計な経費の支出や品質劣化のリスクがつきまとう

棚卸資産とは、商品や製品など、販売を目的とする資産の在庫のことです。

売上原価の計算方法のところで説明しましたが、期間損益計算の重要なルールとして「費用収益対応の原則」というものがありました（88ページ参照）。このルールによれば、当期よりも以前に仕入れた商品であったとしても、売れ残ってしまったならば、それらは売上原価とすることはできませんでした。

棚卸資産とは、まさにその「**売れ残った商品や製品**」ということになります。「売れた分」は売上原価となり、「売れ残った分」は棚卸資産となるわけです。

ところで、棚卸資産は、売れ残った場合には費用とすることはできませんが、これらは来期以降に販売することができ、その来期以降の売上高と対応するものであるとも言えます。つまり、棚卸資産は、将来に費用となる予定で、そのタイミングを待っている資産であるとも言えるわけです。

会計では、そのような資産のことを「**費用性資産**」と呼ぶこともあります。

「棚卸資産」とは？

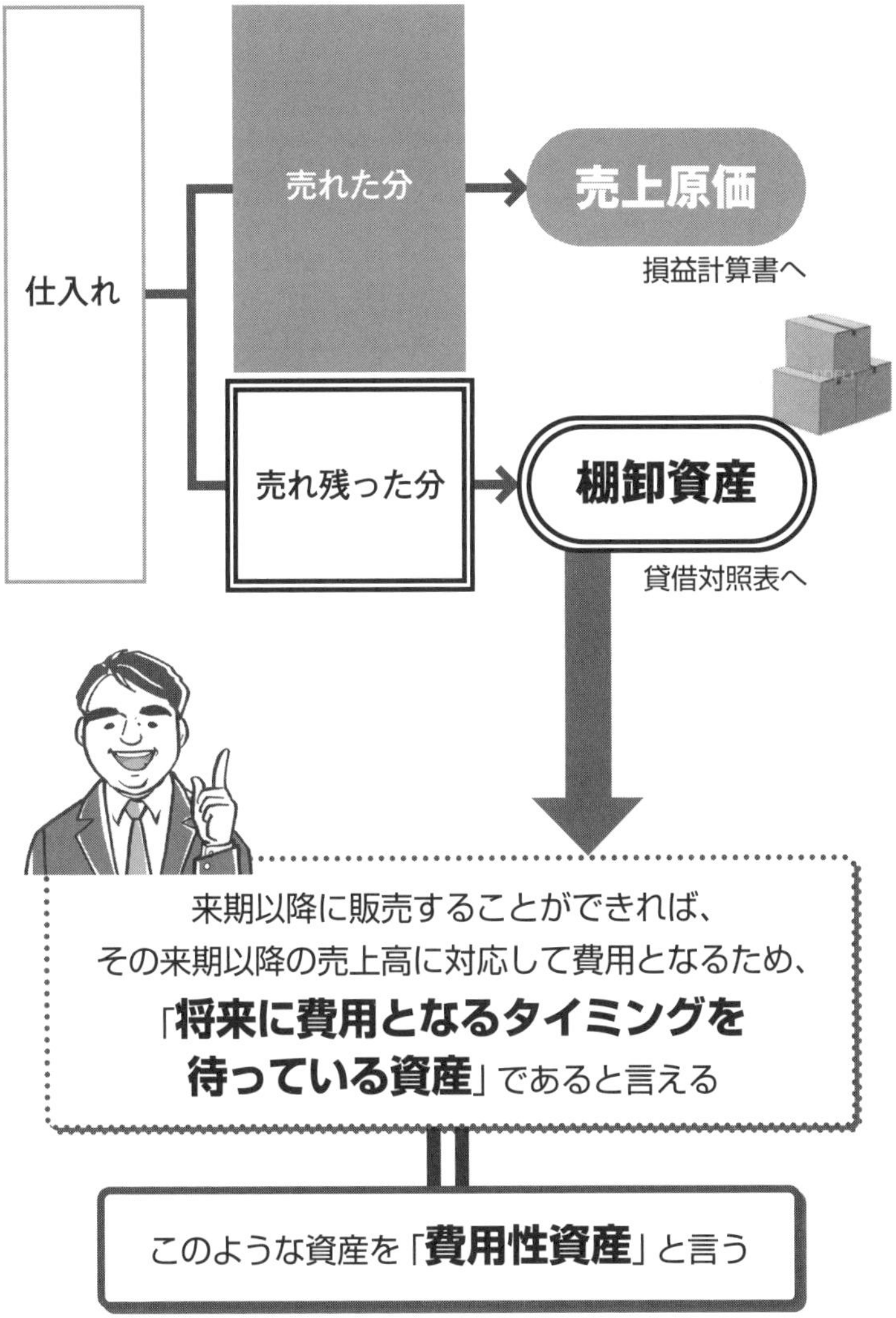

仕入れ
売れた分
売上原価
損益計算書へ
売れ残った分
棚卸資産
貸借対照表へ
来期以降に販売することができれば、
その来期以降の売上高に対応して費用となるため、
「**将来に費用となるタイミングを**
待っている資産」であると言える
このような資産を「**費用性資産**」と言う

◆「費用性資産」は費用の予備軍

商品や製品の在庫は、商売を続ける上で不可欠なものです。しかし、「売れ残り」と考えるならば、あまり増えても困ります。

在庫が増えてくれれば、その保管場所も必要となって余計な経費がかかることにもなります。在庫を管理するために手間もかかります。そもそも、これらの在庫がすべて売り切れるという保証もありません。しかも、いつまでも売れ残っていると商品の品質が劣化して、いずれは販売することさえ不可能という状態となる危険性もあります。そうなれば、これらの在庫は廃棄処分するしかなく、最終的には費用となります。このような状態は、売れそうにない商品を仕入れたとか、必要以上の量を仕入れたといった見込み違いによって日常茶飯事でしょう。

さらに厄介なことに、棚卸資産は「費用収益対応の原則」によって、原則的には販売されるか廃棄されるまで費用とはなりません。長きにわたって売れ残っていても「正常営業循環基準」によって流動資産とされてしまいます。

このため、棚卸資産に隠された問題を貸借対照表から読み取ることは重要で、むしろ、「**費用性資産は、費用の予備軍なんだ**」と注意してかかったほうがいいのです。

「棚卸資産」が増えたときのリスク

棚卸資産が増えてしまうと……

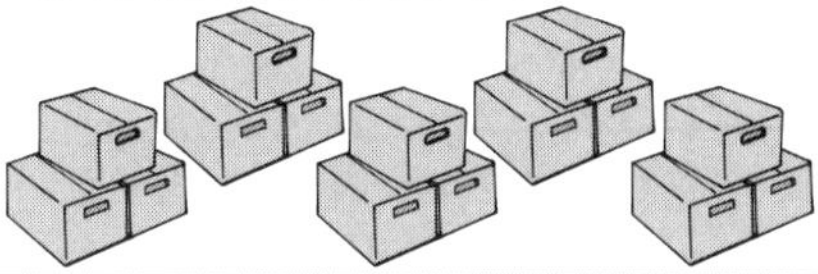

保管のためのコスト

在庫管理のためのコスト

品質劣化のリスク

滞留在庫となるリスク

このように、棚卸資産にはリスクがあるが、
「費用収益対応の原則」により、
売れ残っている限り費用にはならない

しかも、棚卸資産は「正常営業循環基準」によって、
長期滞留していたとしても
流動資産とされる

棚卸資産については、その**リスクや問題点を**
貸借対照表を読んだだけで
把握することは難しい。十分な注意を

6

「流動資産」の「その他」ってどんなもの？

流動資産の「その他」は、売上取引以外の債権や短期の費用性資産からなる

流動資産の最後に、「その他」というものについてお話しましょう。この「その他」という意味は、「お金」でも「売上債権」でも「有価証券」でも「棚卸資産」でもない連中といった程度の意味とご理解ください。

流動資産の「その他」の中身と言えば、「短期貸付金」や「立替金」といった**売上取引以外の債権**と、「仮払金」や「前払費用」といった**短期の費用性資産**が含まれます。そして、いずれもワン・イヤー・ルールによって流動資産に分類されています。

「その他」とはいえ債権であるならば、売上債権と同様に回収不能となるリスクは否めません。ちなみに、債権が回収不能となることを「**貸倒れ**」と言います。

一方、費用性資産は、棚卸資産と同様に費用の予備軍なわけですが、これらは期間損益計算のルールによって、まだ費用として計算することができないものです。たとえば、「仮払金」は内容が未確定のため費用とできませんし、「前払費用」は翌期の費用となるものを単に先払いしただけのものですから、費用となるにはもう少し待たなければなりません。

「流動資産」の「その他」とは？

●「流動資産」の「その他」の項目

項目	内容	分類
短期貸付金	決算期後1年以内に返済期限が到来する貸付金	短期債権 「貸倒れ」のリスクあり
立替金	一時的に生ずる金銭の立替え	短期債権 「貸倒れ」のリスクあり
仮払金	支出はしたものの、その支出目的または最終的な支払金額が確定していないもの	短期の費用性資産 期間損益計算の都合で資産とされている
前払費用	決算期後1年以内に費用となることが明らかな費用の前払い	短期の費用性資産 期間損益計算の都合で資産とされている

●「前払費用」の考え方

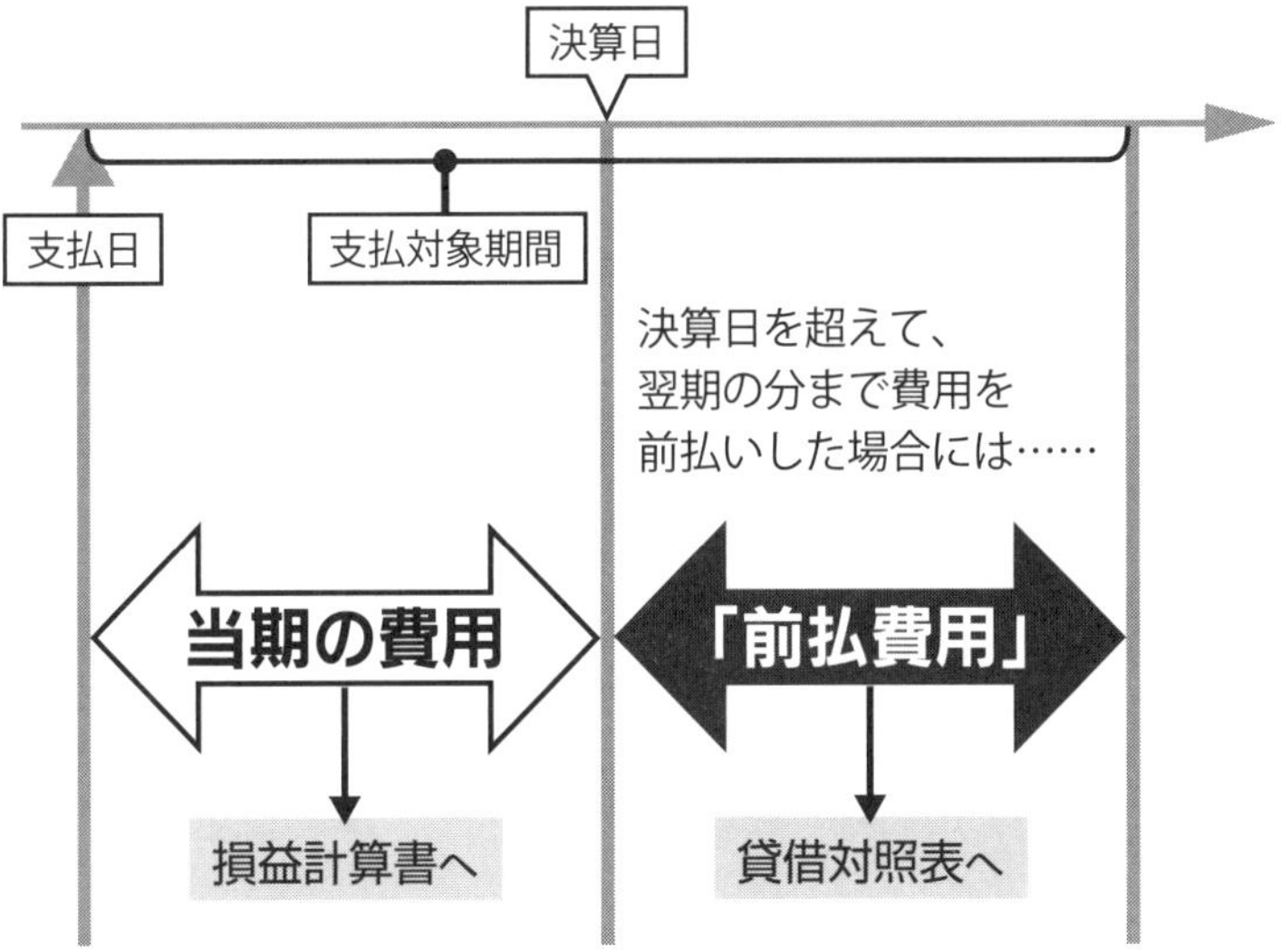

7 「固定資産」ってどんなもの？

固定資産は「長期にわたって使用する」ために保有する資産である

固定資産は、「有形固定資産」「無形固定資産」「投資その他の資産」の3つに区分されています。

◆「有形固定資産」とは？　「無形固定資産」とは？

「有形固定資産」とは、実際に姿形のある資産で「**設備**」と言い換えてもいいでしょう。

「有形固定資産」は、会社が事業活動を営む上で、**長期間にわたって使用することを目的とした資産**です。運送用のトラックも、工場の中の製造機械も、パソコンや複合機も、すべて「使用」という目的によって事業に貢献するものです。

ところで、流動固定分類の考え方からすれば、1年以内に資金化できる資産であるならば流動資産とすべきですから、パソコンであろうとトラックであろうと売る気さえあれば1年以内に売却して資金化することは難しくありません。しかし、「長期にわたって使用するため」に買った設備は、あくまでも使い続けることを意図しているわけで、すぐに使

「有形固定資産」「無形固定資産」とは？

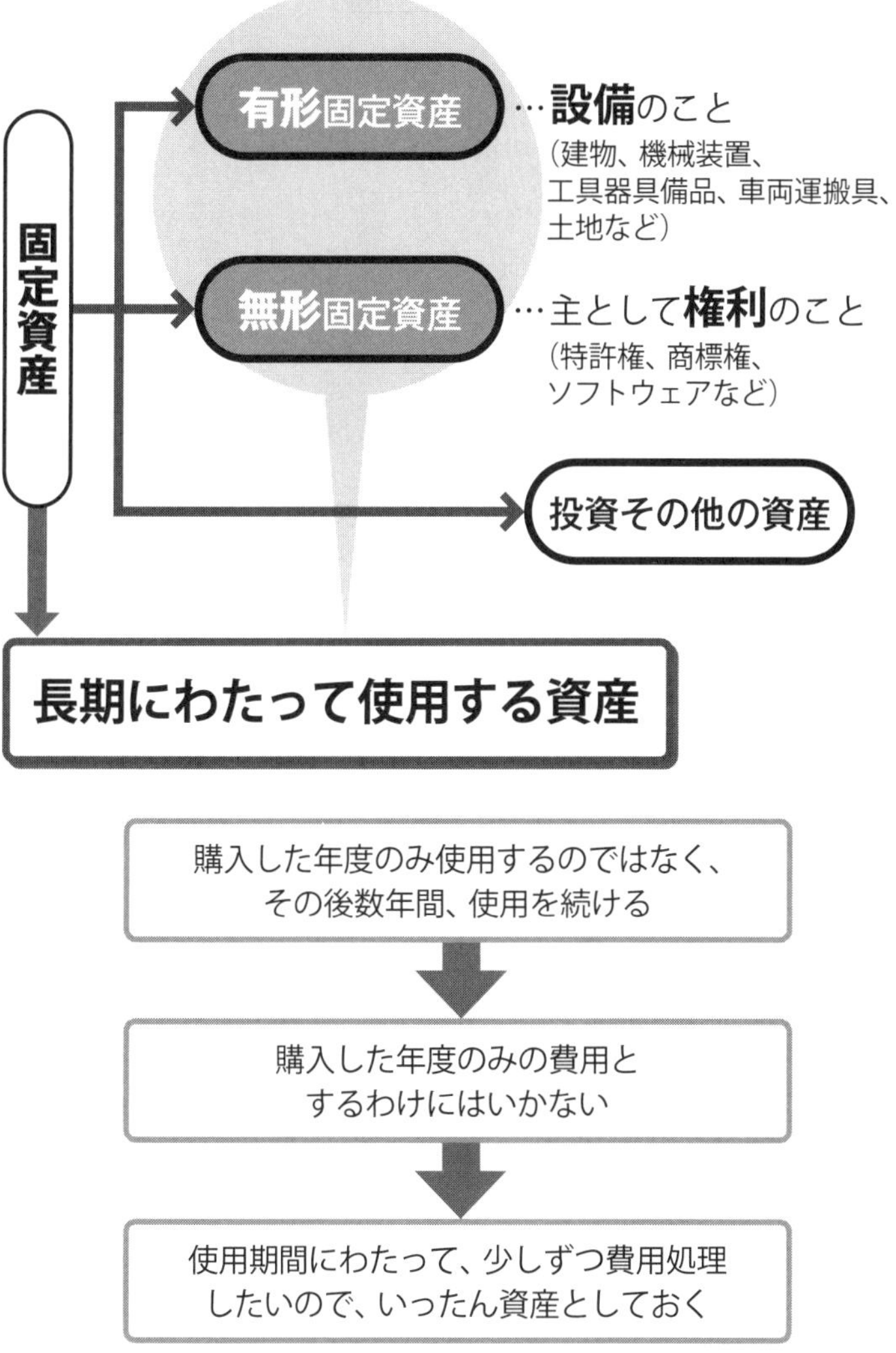
固定資産
有形固定資産
…設備のこと
（建物、機械装置、工具器具備品、車両運搬具、土地など）
無形固定資産
…主として権利のこと
（特許権、商標権、ソフトウェアなど）
投資その他の資産
長期にわたって使用する資産
購入した年度のみ使用するのではなく、その後数年間、使用を続ける
購入した年度のみの費用とするわけにはいかない
使用期間にわたって、少しずつ費用処理したいので、いったん資産としておく

用を取りやめて売ってしまおうとは考えません。このため、「有形固定資産」は短期的な換金処分が可能であるにもかかわらず、「固定資産」に分類されなければならないのです。

「無形固定資産」も同様に、**長期にわたって使用するための資産ですが、姿形がなく目に見えないようなもの**です。具体的には、ソフトウェアや、特許権・商標権などの知的財産権がこれに該当します。

◆「投資その他の資産」とは？

「投資その他の資産」とは、**ワン・イヤー・ルールによって長期の資産と判定された債権や費用性資産**のことです。

具体的には、不動産を賃借するときの敷金や保証金であるとか、前払費用のうち1年を超えて費用となっていくものであるとか、貸付金のうちその返済期限が1年を超えているものなどが該当します。たとえば、預金は流動資産でしたが、定期預金のうち、満期が1年以内でないものは「長期性預金」として「投資その他の資産」とされます。

また、114ページでも説明しましたが、有価証券のうちその保有目的が「短期売買」ではないという場合には、「投資有価証券」や「子会社株式」といった名称をつけて「投資その他の資産」としなければなりません。

「投資その他の資産」とは？

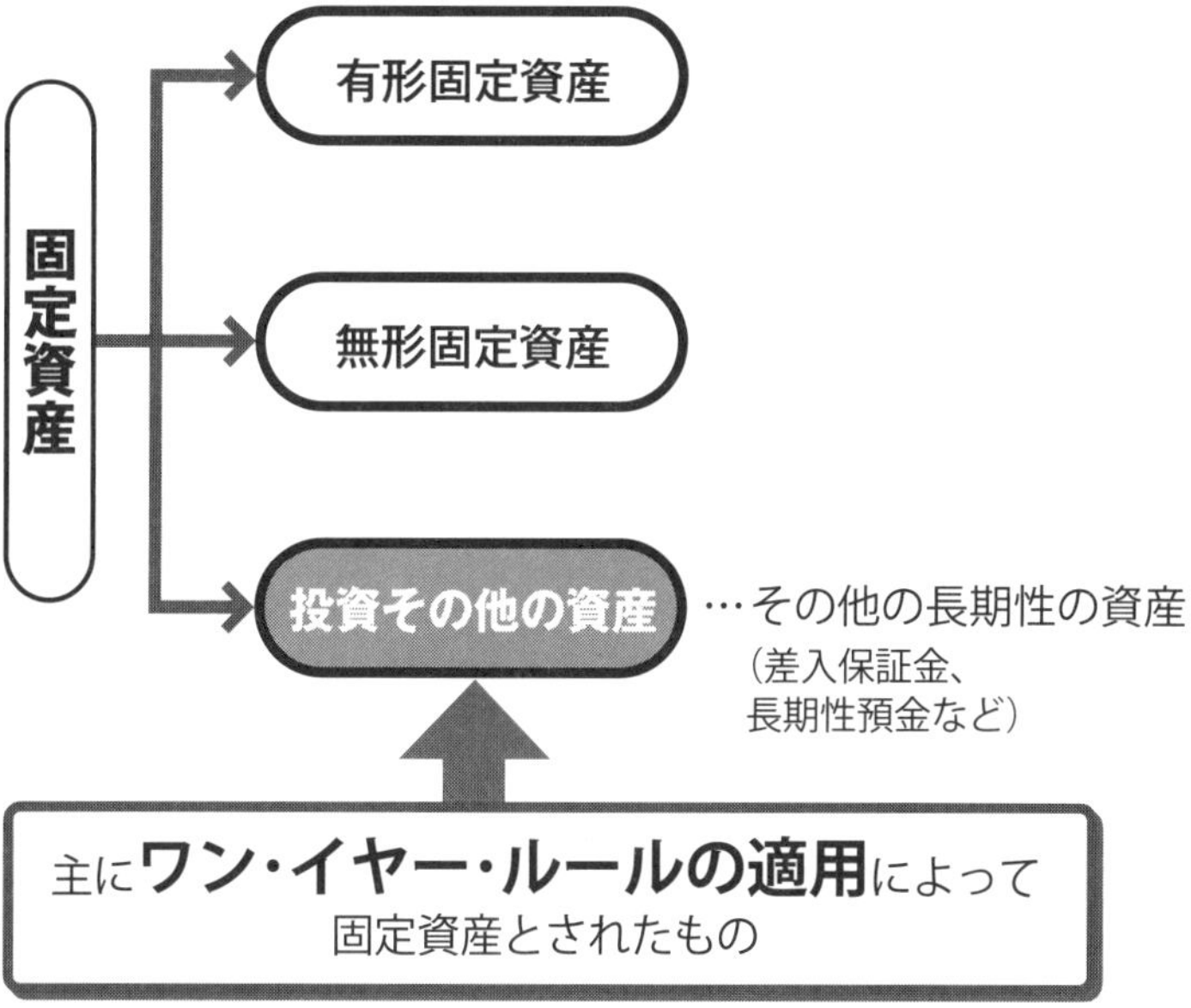
固定資産
有形固定資産
無形固定資産
投資その他の資産
…その他の長期性の資産
（差入保証金、
長期性預金など）
主にワン・イヤー・ルールの適用によって
固定資産とされたもの

差入保証金	契約または取引慣行にもとづき、取引先などに差し入れた保証金、敷金
長期性預金	満期が決算日後１年を超えると認められる長期投資目的の定期預金
長期貸付金	履行期が決算期後１年を超える貸付金
子会社株式	子会社を支配する目的で保有している株式
投資有価証券	取引先などへの影響力行使や長期的な投資を目的として保有する株式や債券

（子会社株式・投資有価証券）保有目的によって固定資産とされたものもある

8

「固定資産」はどうやって読む？

有形固定資産や無形固定資産は、使用期間にわたって原価配分する

有形固定資産と無形固定資産に共通しているのは、使用期限が過ぎればほとんど価値がなくなってしまうことです。有形固定資産であれば、老朽化して本来の機能を失い使用不能となるでしょうし、無形固定資産についても使用期限が定められていたりして、その期限を過ぎてしまえば使い物になりません。

また、これらは使用期限を過ぎてしまうと、もはや換金価値もなくなってしまいます。古くなった設備はスクラップにしなければなりませんし、仮に売却できたとしても、買ったときの値段とは比べ物にならないほど安くなっているはずです。

つまり、土地などの一部の資産を除けば、じつは**有形固定資産も無形固定資産も「費用性資産」の一派**であり、いずれどこかのタイミングで費用としなければならないのです。

これらの資産の費用化には、使用期間にわたって少しずつ費用を負担させることになります。このような会計処理を「**原価配分**」とか、「**費用配分**」と呼びます。しかし、この方法は毎年いくらずつの費用を計上するかという問題が残ります。

「固定資産」はどうやって費用化させていくのか？

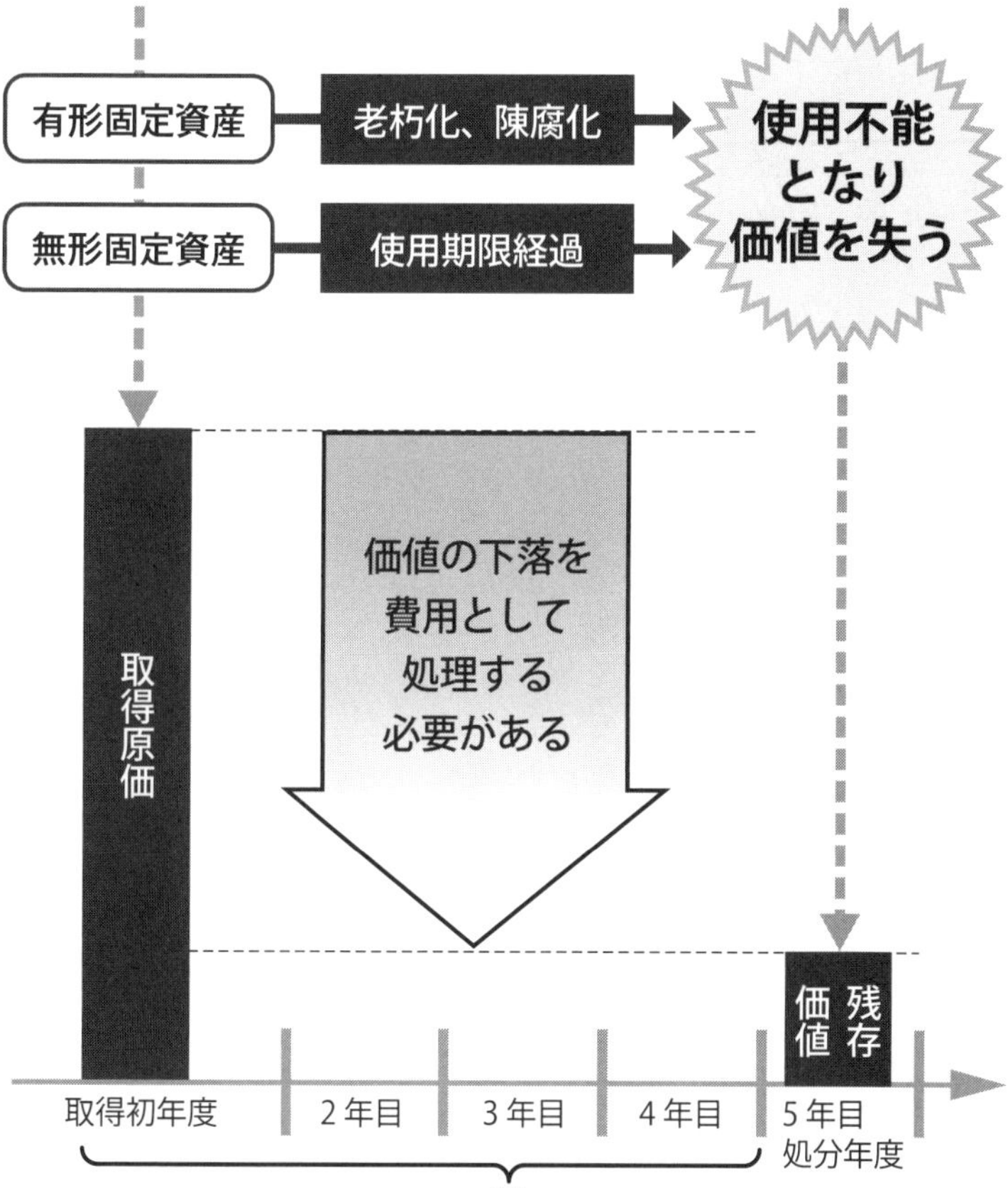

有形固定資産
老朽化、陳腐化
無形固定資産
使用期限経過
使用不能となり価値を失う
取得原価
価値の下落を費用として処理する必要がある
残存価値
取得初年度
2年目
3年目
4年目
5年目
処分年度

5年間使用するのであれば、**費用も5年間にわたって、毎期負担**させるべきである（=「**原価配分**」）。

では、毎年いくらずつの費用を計上すればいいのだろう？

9

「減価償却」ってどんなもの？

有形・無形固定資産の原価配分は「時の経過」を基準として行われる

有形固定資産と無形固定資産の原価配分を適切に行うとすれば、最も理想的な方法は、その使用によって消費される部分の金額を計算し、それを費用とすることです。

ところが、これらの資産の消費量を客観的に計算するのはかなり困難です。たとえば、自動車であれば走行距離を把握できますが、それが全体のどのくらいの割合かはわかりません。ましてや、まんじゅうにアンコを入れる機械なら、使用量の計算は困難を極めます。

そこで、会計ではこのような計算をあきらめ、**「時間を基準」として原価を配分**するようにしています。たとえば、5年間使用するのであれば、「毎年の費用は取得原価を5等分しちゃえ」っていう、じつにいい加減な計算をしているのです。

この方法を「**減価償却**」と言います。減価償却では、「耐用年数」として使用予定の期間を定め、その期間を基準に一定の額、または一定の率で取得原価を費用化していきます。

なお、減価償却は、その資産の現在の価値を表すという考え方を捨てたものですから、有形固定資産や無形固定資産の簿価は、減価償却の残りカスと思ったほうがいいでしょう。

「減価償却」とは？

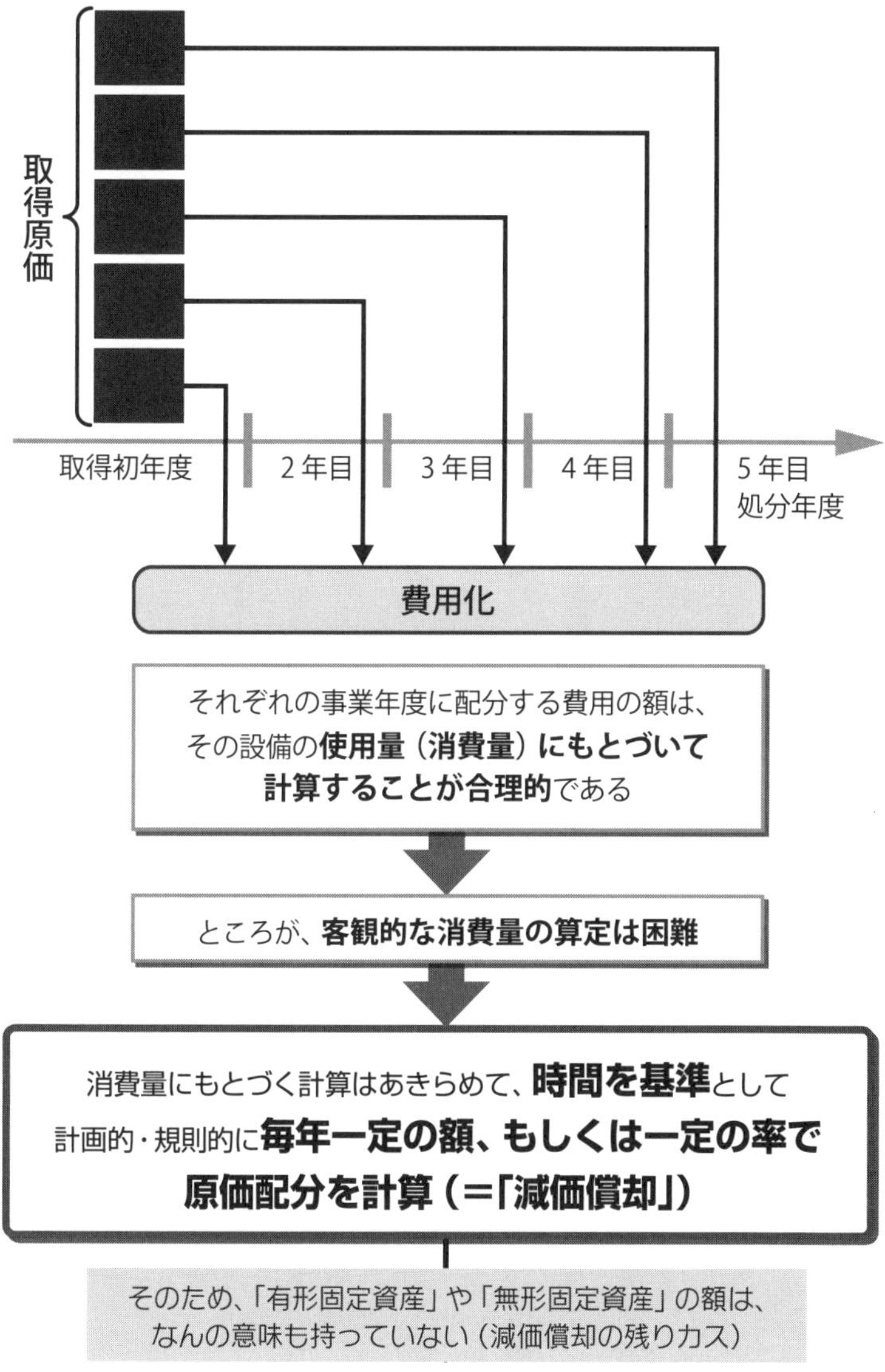
取得原価
取得初年度
2年目
3年目
4年目
5年目
処分年度
費用化
それぞれの事業年度に配分する費用の額は、
その設備の**使用量（消費量）にもとづいて**
計算することが合理的である
ところが、**客観的な消費量の算定は困難**
消費量にもとづく計算はあきらめて、**時間を基準**として
計画的・規則的に**毎年一定の額、もしくは一定の率で**
原価配分を計算（＝「減価償却」）
そのため、「有形固定資産」や「無形固定資産」の額は、
なんの意味も持っていない（減価償却の残りカス）

10

「負債」はどうやって分類されている？

負債も正常営業循環基準とワン・イヤー・ルールで流動固定分類されている

次は「負債」について見ていきましょう。

負債も流動固定分類によって「流動負債」と「固定負債」とに分類されており、その分類基準は正常営業循環基準とワン・イヤー・ルールによってなされています。

まず、流動負債を大まかに分類するとすれば、「**仕入債務**」「**借入金**」「**その他**」という3つに大別することができるでしょう。

「**仕入債務**」とは、売上債権のところ（112ページ参照）で説明したのと同様に、**信用取引によって後払いの約束で仕入れを行ったときの未払代金のこと**です。仕入債務は、正常営業循環基準の適用を受けて無条件に流動負債とされていますので、仕入債務以外の債務とは厳格に区別する必要があります。

仕入債務以外の負債については、正常営業循環基準の適用はありません。そのため、「借入金」や「その他」については、ワン・イヤー・ルールによって流動固定分類をすることになり、その結果として固定負債が登場することになります。

「流動負債」「固定負債」とは？

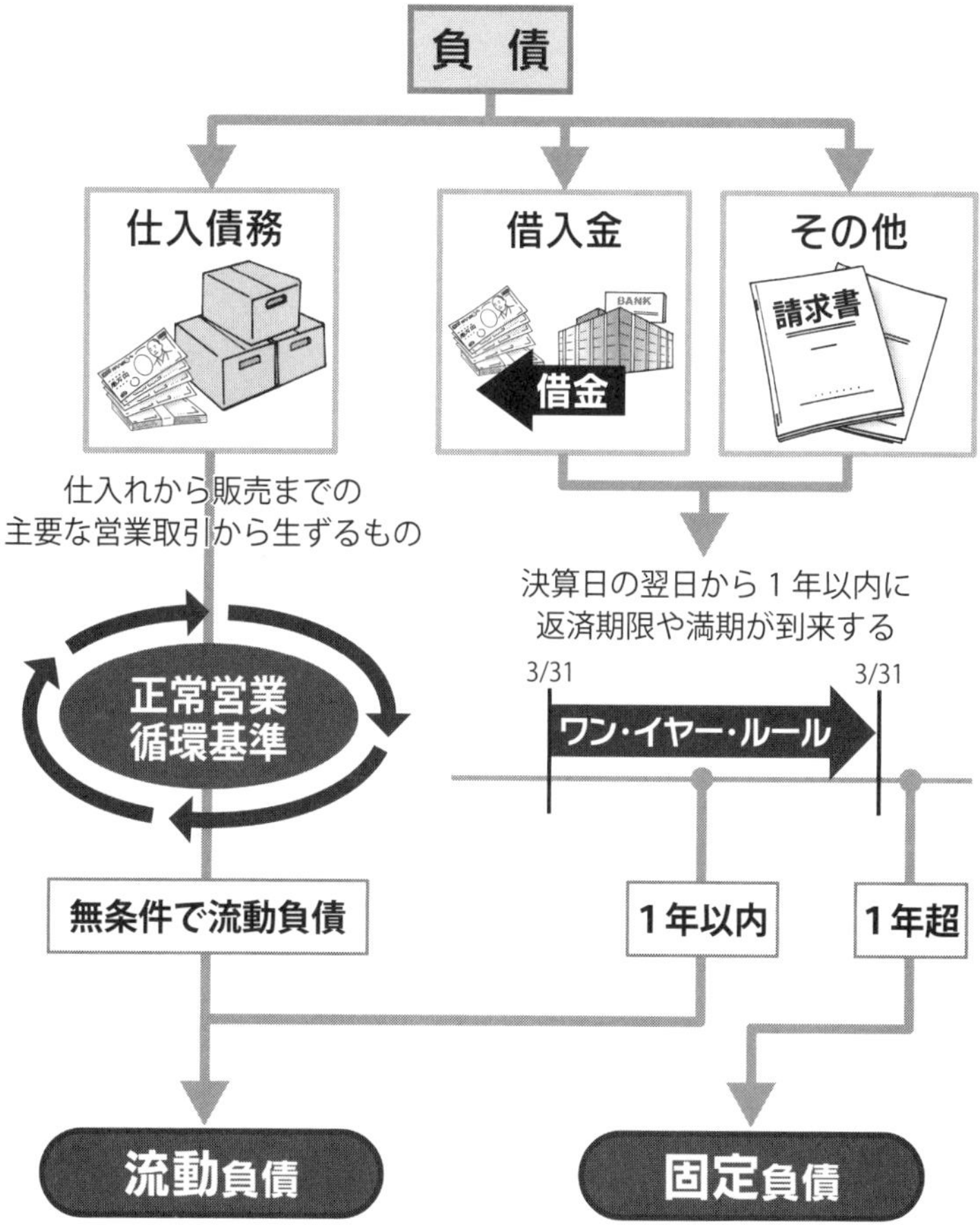

負 債
仕入債務
借入金
その他
BANK
借金
請求書
仕入れから販売までの
主要な営業取引から生ずるもの
決算日の翌日から１年以内に
返済期限や満期が到来する
3/31
3/31
正常営業
循環基準
ワン・イヤー・ルール
無条件で流動負債
1年以内
1年超
流動負債
固定負債

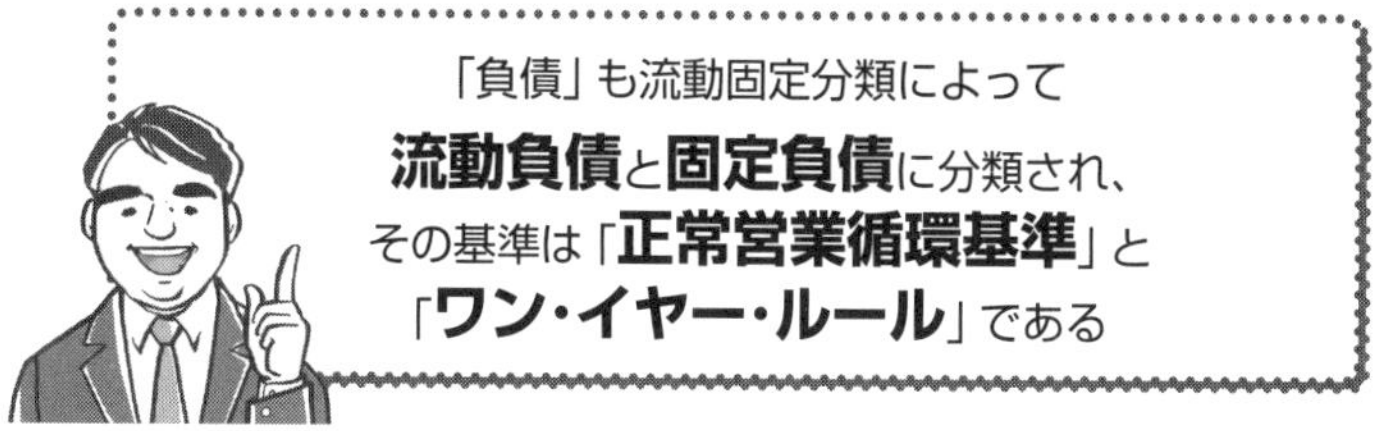

「負債」も流動固定分類によって
流動負債と**固定負債**に分類され、
その基準は「**正常営業循環基準**」と
「**ワン・イヤー・ルール**」である

11

「借入金」はどうやって読む？

借入金が増えれば倒産のリスクも増えるが、事業発展のために必要でもある

「借入金」とは、第三者から資金の融資を受けたもので、金融機関からの借金などがこれに当たります。多くの場合、借入金は利息の支払義務をともないますので、「**有利子負債**」と呼ぶこともあります。

借入金による調達は返済義務があるばかりでなく、利払いの負担もありますので、このような調達手段にはあまり大きく依存するべきではないと言えます。また、会社の倒産は支払不能によって起こるため、借金が増えれば倒産のリスクも増えていくでしょう。

一方で、目の前に転がるビッグ・ビジネスを、資金不足を理由に指をくわえて見ているだけというのも、事業としては面白くありません。もしも、多少コストがかかっても、それ以上の儲けが期待できるのであれば、借入金を利用して事業を発展させることも必要であると言えるでしょう。

ようするに、多過ぎると危険だけど、まったく利用しないというのもバカバカしいということになり、「お金（現金・預金）」と同様に**バランス感覚が重要**なのです。

「借入金」の多寡をどう見るか？

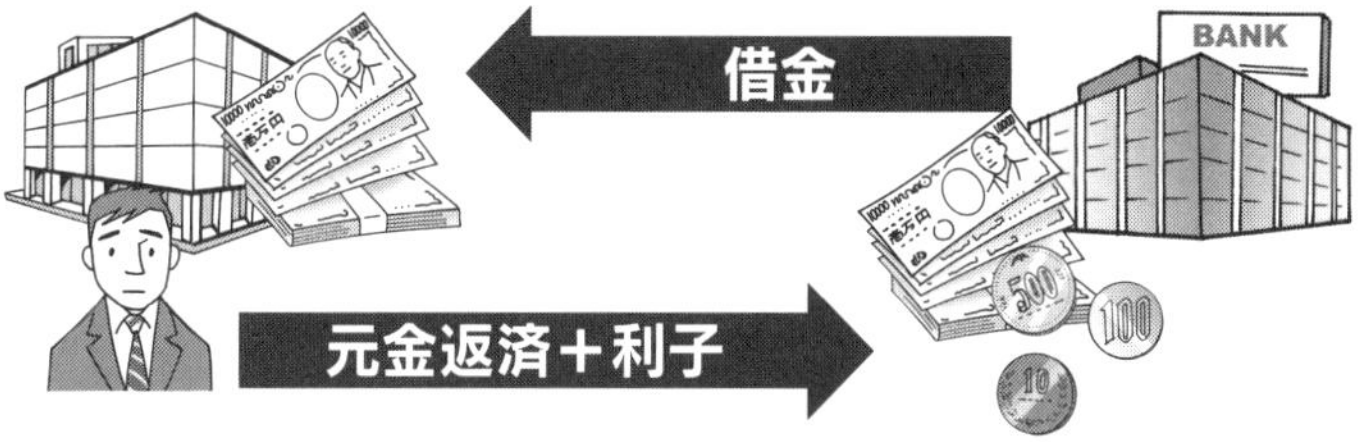

通常、借入金は利息の支払義務をともなうので
「**有利子負債**」とも呼ばれる

会社の**倒産**は、
借入金の支払不能に
よって起こる

多少コストがかかっても
事業発展の
チャンスにもなる

借入金による資金調達は、**倒産のリスク**をともなうが、
目の前のビッグビジネスなどの**事業発展のために**
必要でもあり、どう活用するか、
その辺りの**バランス感覚が必要**である

12

「純資産」ってどんなもの？

純資産は株主資本と利益の内部留保からなり、両者は厳格に区別される

最後に「純資産」について解説しましょう。「純資産」について重要なことは、「純資産はふたつの要素から構成される」ということです。

これまで説明してきたように、会社は資本を調達し、事業で運用することで利益を獲得しなければなりません。このため、まず最初に株主から元手を調達します。この**株主資本が純資産の中心的な要素**です。

一方、事業活動の結果、獲得した利益は、その一部を株主に配当し、残った部分は会社の中に留保しておきます。そうすると、この内部留保した利益に相当する資本を、結果的に調達したことになります。すなわち、純資産のもうひとつの要素は、この「**利益の内部留保**」であると言うことができます。

株主資本の払戻しは、会社法で原則的に禁止されていますが、利益の部分は配当の原資になります。そのため、両者には非常に大きな違いがあり、現行の会計ルールでは、純資産の中身について、資本と利益とを厳格に区別しなければならないこととされています。

「純資産」の項目とは？

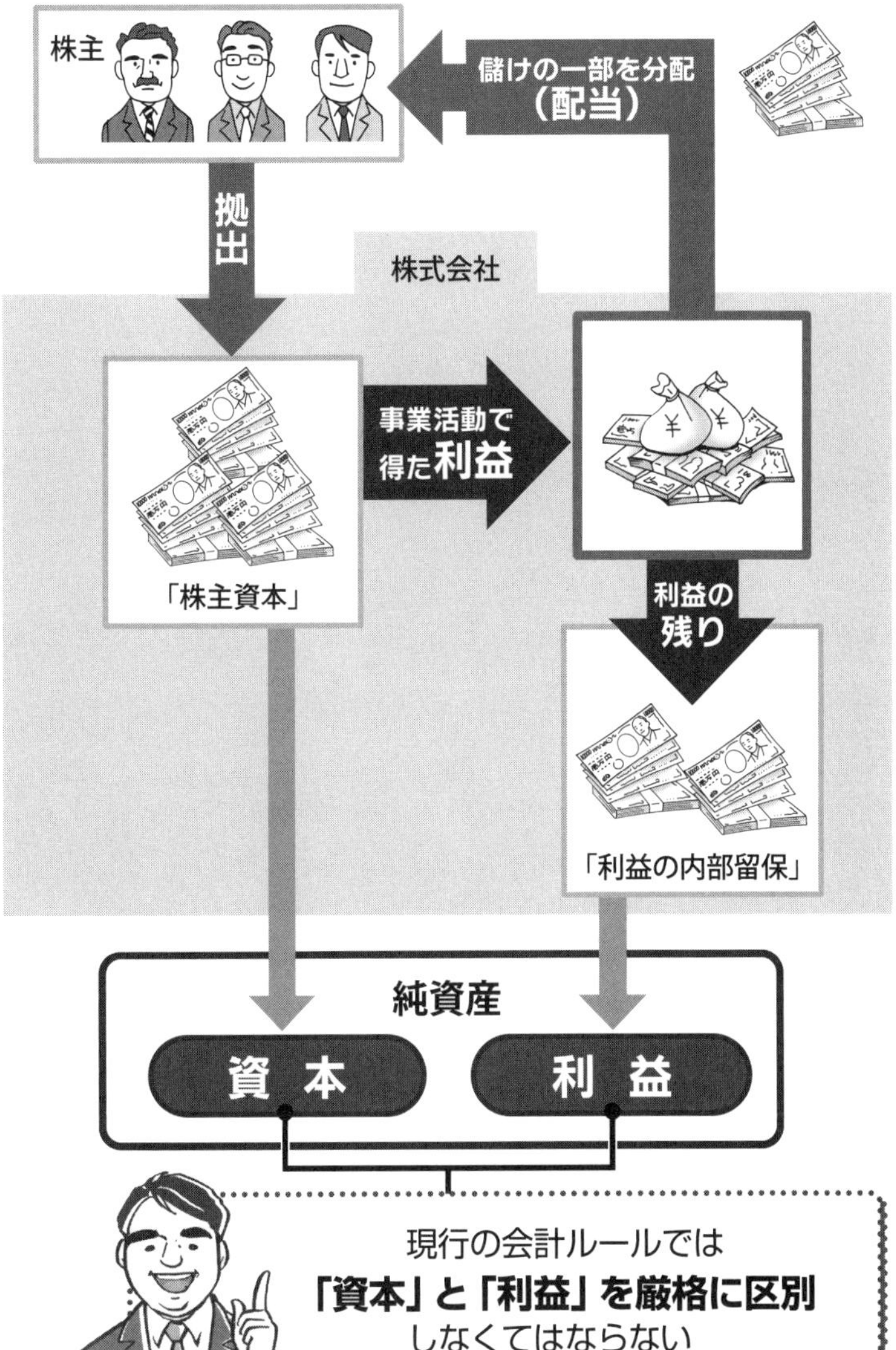

株主
儲けの一部を分配
（配当）
拠出
株式会社
事業活動で
得た利益
「株主資本」
利益の
残り
「利益の内部留保」
純資産
資　本
利　益
現行の会計ルールでは
「資本」と「利益」を厳格に区別
しなくてはならない

コラム 「P／L」って何の話？

「損益計算書」や「貸借対照表」は、会計の世界の話ですから、会社の経理部に足を運べば、会話の中でそんな言葉が飛び交っているのではないかと想像されるかもしれません。しかし、意外なことに「損益計算書」「貸借対照表」と正式名称で呼ぶケースは非常に少ない気がします。

それでは、「損益計算書」や「貸借対照表」がどのように呼ばれているかと言うと、しばしば略称が使われています。たとえば、「損益計算書」は、その英語名である「Profit and Loss Statement」から「P／L（ピーエル）」と略されます。ですから、会社の経理部で「ピーエル」という言葉が聞こえたら、大概の場合、それが「損益計算書」のことで、「甲子園の常連校」の話ではないと心得るべきでしょう。

同様に、「貸借対照表」は英語名の「Balance Sheet」を略して「B／S（ビーエス）」と呼ばれます。そのほかにも、決算書全体のことは「Financial Statements」から「F／S（エフエス）」と呼ばれています。

また、「T／B（ティービー）」というのも覚えておいたほうがいいでしょう。これは、英語の正式名称「Trial Balance」のことで、日本語では「試算表」と呼ばれるものです。

「P／L」や「B／S」が決算確定した後の正式な報告書類であるのに対し、この「試算表」は決算が確定する前の段階で、科目ごとの集計結果を損益計算書や貸借対照表と同じ要領で並べて表示したものです。

そんなわけで、会計の世界に足を踏み入れる以上は、まず、この略称とのつきあい方をマスターしておくといいでしょう。とりあえずは、「P／L」「B／S」「F／S」「T／B」の4つを、さりげなく使っていきましょう。

第6章
決算書を読むために知っておきたいルール

1

決算書の読み方の基本は「比較」

決算書は数字による報告書であるため、比較しながら読む

決算書とは「数字」すなわち計数的なデータによる事業内容の報告書でした。この「数字」というものは、いろいろと便利な機能を持っていますが、その最たるものは比較しやすいことにあります。このことを「**比較可能性**」と言います。

たとえば、陸上競技をやっている場合、自分が速く走れたかどうかは、ただ走っているだけではわかりません。タイムを計測することによって、かなり明確に判断することができます。たとえコンマ1秒でもタイムが縮まれば、それは速く走れたということなりますが、走っている本人には体感できないわずかな差ではないかと思います。

事業活動の成果についても、業績であろうが、財務体質であろうが、これを数字によって表したときに、初めて見えてくるものが山ほどあります。ですから、決算書を読む場合にも、**過去のデータや他社のデータと比較しながら読む**というのが王道です。

そして、決算書の「比較可能性」を確保するために、会計の世界ではいくつかの特別なルールを設けています。

決算書は比較して読むと、より効果を発揮する

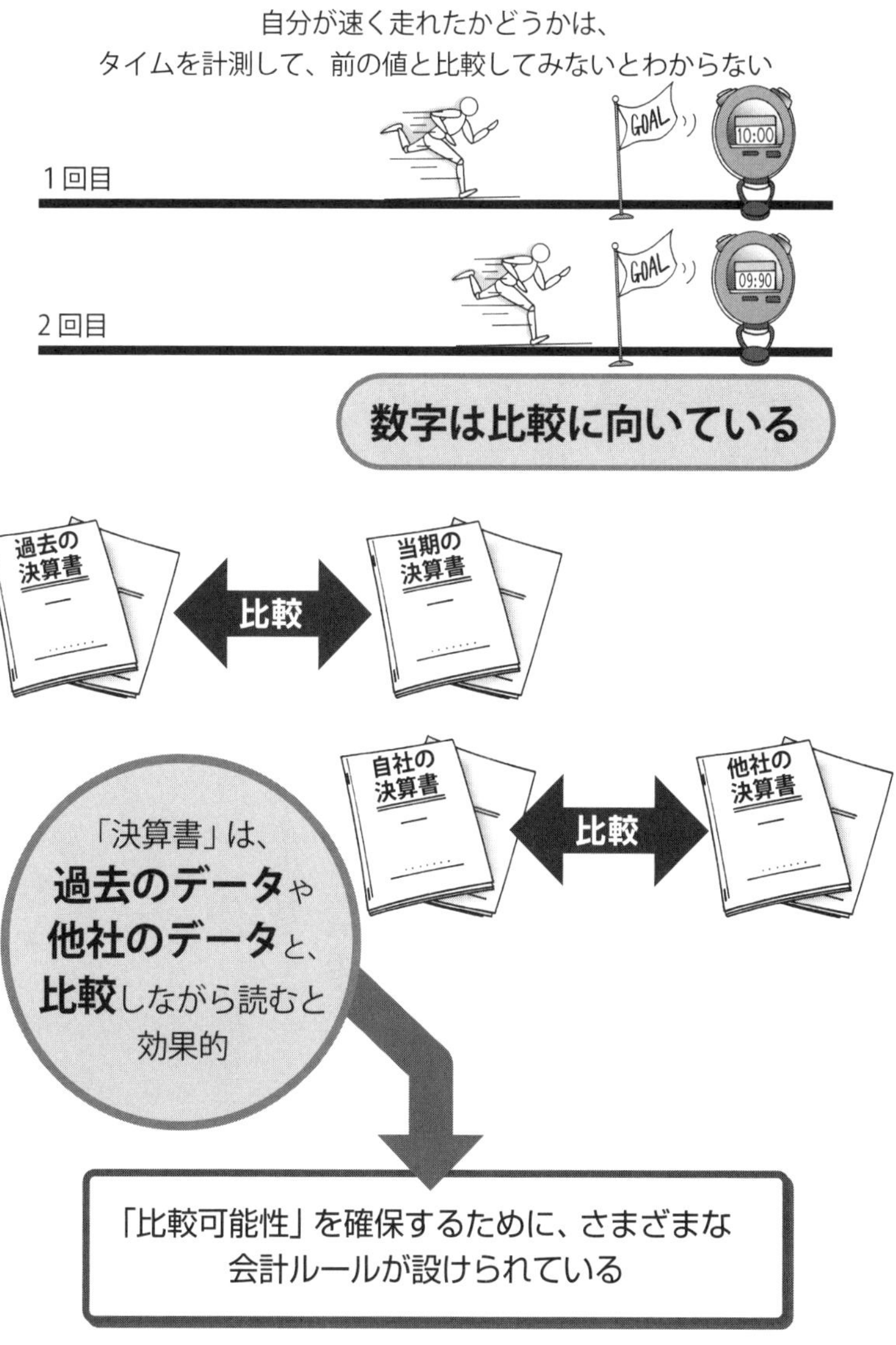
自分が速く走れたかどうかは、
タイムを計測して、前の値と比較してみないとわからない
GOAL
10:00
1回目
GOAL
09:90
2回目
数字は比較に向いている
過去の決算書
比較
当期の決算書
自社の決算書
比較
他社の決算書
「決算書」は、過去のデータや他社のデータと、比較しながら読むと効果的
「比較可能性」を確保するために、さまざまな会計ルールが設けられている

2 会計ルールとはどんなもの？

「一般に公正妥当と認められる会計慣行」が会計ルールの正体

我が国の会計ルールの基本として**「企業会計原則」**というものがあります。このルールは法律ではありませんが、会社法や金融商品取引法、法人税法といった別の法規によって会計ルールを守ることが定められているため、間接的には強制力を持っています。

ところが、じつは、これらの法規で遵守を求められている会計ルールには「企業会計原則」とは書いてなくて、「一般に公正妥当と認められる会計慣行」とされています。簡単に言えば「みんなが、これでいいだろうと思っているもの」がルールとされているのです。

もしも、他社との間で決算書を比較したときに、あまりにも他の会社と作成方法が違っていては困ってしまいます。しかし、裏を返せば、他の会社とあまりにも違うことをやらない限り、比較可能性が確保できるということです。

ですから、最終的には、みんなが**「一般に公正妥当と認められる会計慣行」**というものになっていることが、会計ルールのあり方として最も合理的であるという結論に導かれたのです。

会計ルールとは？

会計ルールは、法律ではないが、会社法や法人税法などの別の法規によって守ることが定められているため**間接的に強制力を持つ**

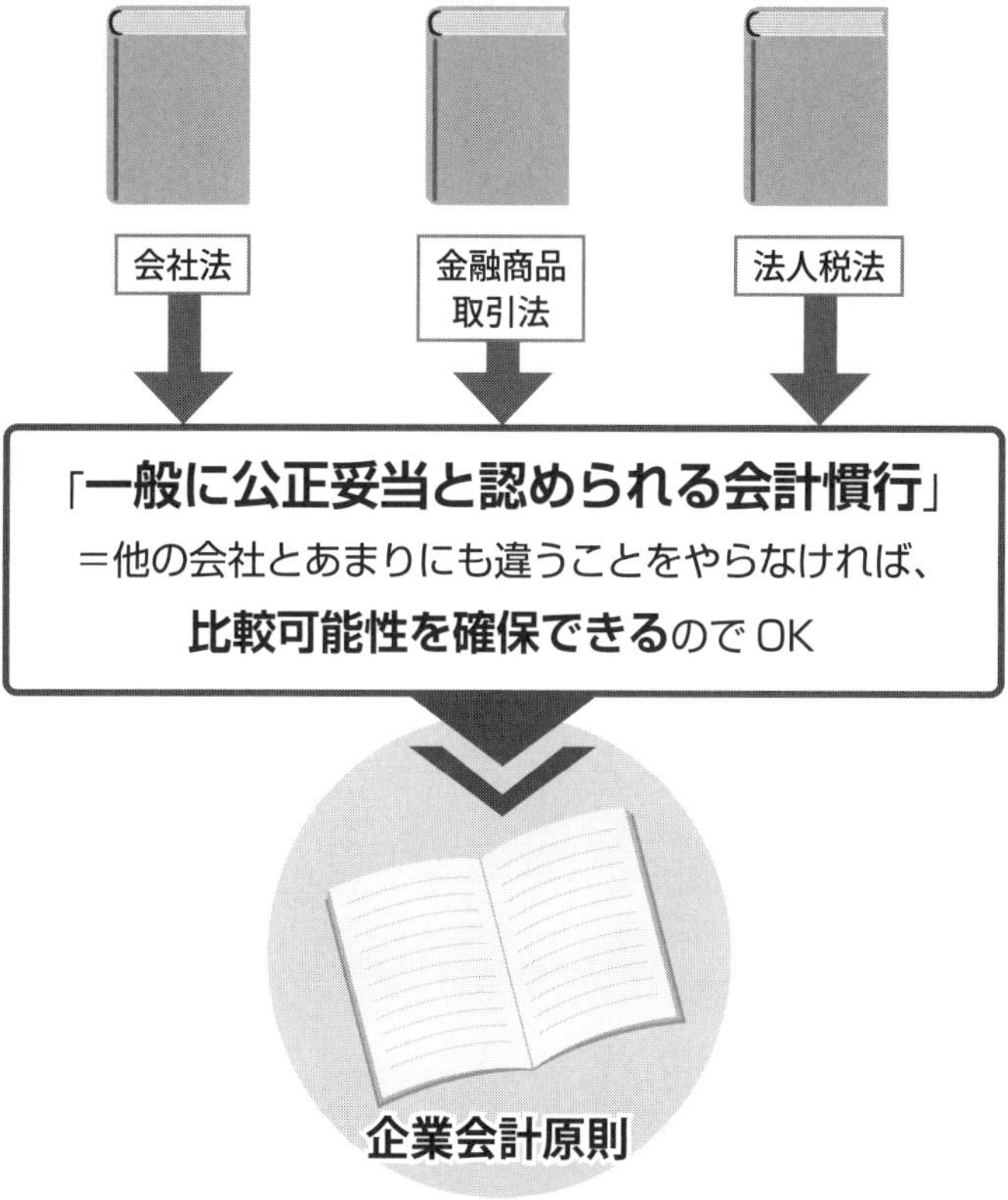

会社法
金融商品取引法
法人税法
「一般に公正妥当と認められる会計慣行」
＝他の会社とあまりにも違うことをやらなければ、
比較可能性を確保できるのでOK
企業会計原則

「企業会計原則」は「一般に公正妥当と認められる会計慣行」をまとめたもの。そのため、普通、

会計ルールと言えば
「企業会計原則」を指す

3

会計処理には複数の方法が認められている

複数の処理方法が認められるために、「継続性の原則」が必要に

会計ルールは「会計慣行」であるという点は理解していただけたことと思いますが、このようなルールの定め方にも問題があります。それは、ひとつの取引について複数の会計処理の方法が並列的に容認される可能性があることです。

たとえば、ひとつの取引についてA、B、Cという3種類の処理方法が考えられるとしましょう。この場合に、どの方法が「**一般に公正妥当**」であるかを決めるというのであれば、どの処理方法が最も多くの支持を集めるのか、アンケートを実施して決定するというのは、かなり合理的な決定方法だと思われます。

もしも、このアンケートの結果、ほとんどの会社がAという方法を採用していて、BやCという方法を採用している会社が非常に少ないのであれば、「一般に公正妥当」な方法はAで決まりです。異論もないと思われます。

ところが、アンケートの結果、Cの方法は人気がなかったが、AとBには、ほぼ同じ数の支持が集まったとすると問題が発生します。この場合、少なくともCの落選は決定的で

「一般に公正妥当」とは？

「一般に公正妥当」とは、
多くの支持を集めているという意味

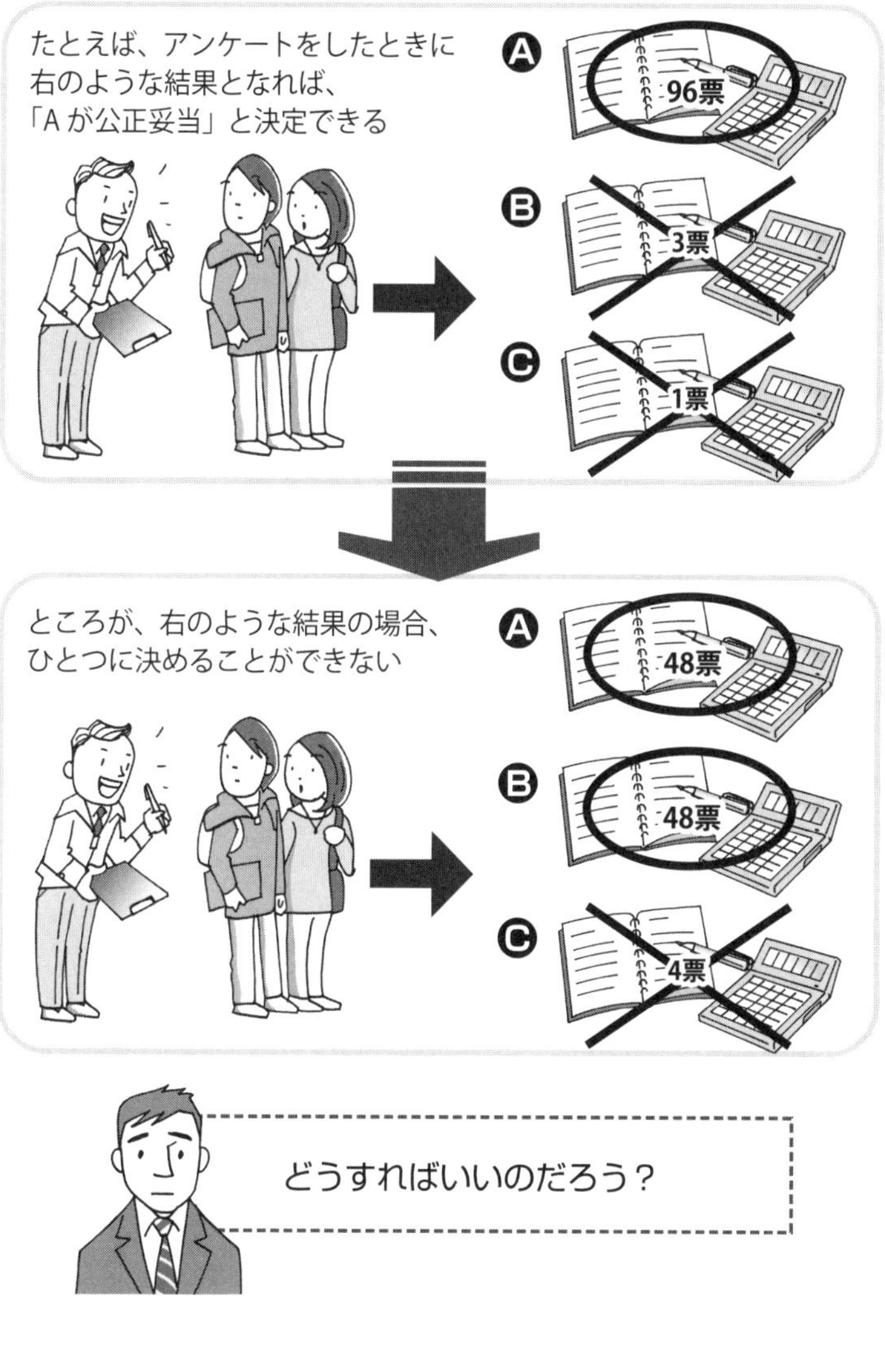
たとえば、アンケートをしたときに
右のような結果となれば、
「A が公正妥当」と決定できる
A
96票
B
3票
C
1票
ところが、右のような結果の場合、
ひとつに決めることができない
A
48票
B
48票
C
4票
どうすればいいのだろう？

すが、AとBについては、そのうちひとつだけに絞って決定することはできなくなってしまいます。じつは、こういう困った状況では、会計ルールとして無理にひとつに決めず、「AもBも公正妥当」という結論を出すことになります。このジャッジは、いい加減にも聞こえますが、会計ルールの本質から考えればとても合理的なジャッジです。

◆「重要な会計方針」と「継続性の原則」

しかしながら、このように複数の会計処理が認められている場合には、比較可能性を損ねるケースも出てきますので、これに対して2つの別のルールを設けています。

ひとつは、複数の処理方法が認められている場合には、その中のどの方法を採用しているかを決算書に注記することです。これは「**重要な会計方針**」と呼ばれ、**企業間比較**をする上で有益なルールです。

もうひとつは、一度採用した会計処理の方法はみだりに変更してはならないというルールです。これによって、**期間比較性**を確保しています。先の例では、AもBも認められているのだから、AからBに変更してもいいということになります。しかし、この方法を使って利益計算を恣意的にコントロールされないように、いったんAを採用したならばなるべく続けてAを使い続けなさいと定めているのです。これを「**継続性の原則**」と言います。

比較しやすくするためのルール

複数の処理方法の中から、無理にひとつを選ぶのではなく
「Ⓐ も Ⓑ も公正妥当」として認める

このため、
複数の処理方法が
同時に認められるという
事態となっている

ただし

ルール1
「重要な会計方針」の注記

Ⓑ を採用しています

どのような処理方法を
採用しているかを、
決算書に注記すること

企業間比較性を確保

ルール2
「継続性の原則」

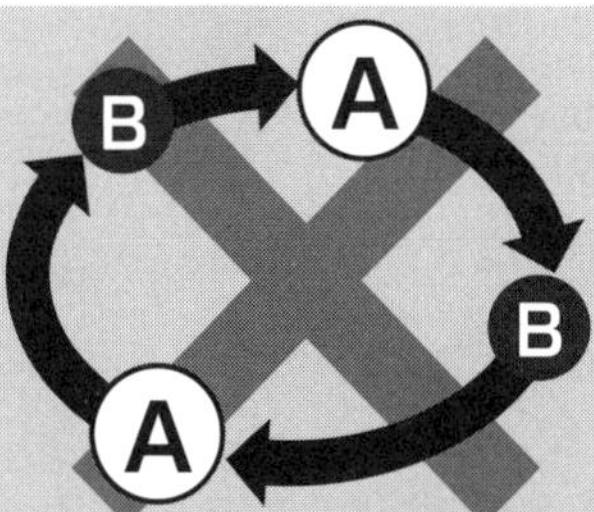

会計方針を変更することで
利益計算を恣意的に
コントロールしないように、
**一度採用した方法は
みだりに変更しては
ならない**

期間比較性を確保

4

「繰延資産」は合理性を欠いている

繰延資産の妥当性は「会計慣行」としか言いようがない

会計慣行の中には、明らかに合理性を欠いている会計手法も存在します。

それは、「繰延資産」というものです。これは、すでに発生した費用や損失であるにもかかわらず、その効果が将来にわたるという理由で、その効果との対応を図るためにいったん資産として計上し、減価償却のような将来にわたる原価配分を行う会計手法です。

このやり方は、大きな矛盾を抱えています。なぜならば、すでに発生した費用である以上、それを費用として損益計算に加えないことは、明らかにインチキに見えるからです。しかも、「効果との対応」なんていうのは、やり過ぎとしか言いようがありません。

実際、この**「繰延資産」を論理的に説明することは不可能**だと思います。しかし、それにもかかわらず「繰延資産」が容認される理由は、もはや「会計慣行」としか言いようがないと思います。まさに、「みんながいいって、言っているんだから……」ということでしょう。

そんなわけで、「繰延資産」は限定的かつ特別扱いとして認められています。

おかしな「繰延資産」

当期に発生した費用や損失であっても、
その支出の効果が将来に及ぶならば……

↓

支出時の費用とせず、繰り延べて
将来にわたる原価配分を行う

↓

繰延資産

↓

会計慣行として認められているため

↓

株式交付費	ただし、この5種類に限定
社債発行費等	
創立費	
開業費	
開発費	

「発生主義」によるならば、
繰り延べなんて認められるわけがない！
本来は当期の費用

5 「保守主義の原則」ってどんなもの？

保守主義は「悪い話こそ真っ先に」という報告の本質に根ざしたルール

決算書が報告書であるということを繰り返し説明してきましたが、会計ルールの中にも、そのことを顕著に示すルールがあります。**「保守主義の原則」**というものです。「保守主義の原則」とは、**費用はなるべく早期に計上し、収益はなるべく遅く確実になってから計上することを求めるルール**です。また、負債は漏れなく多目に計上し、資産はできるだけ控え目に計上してくださいという意味もあります。

このようなルールは、事実関係を客観的に反映させるべき会計の精神に微妙に外れているように見えるかもしれません。しかしながら、決算書が報告書の一種であるがゆえに、必要なルールであると言えます。

と言いますのも、報告の基本として**「悪い話こそ先に教えてくれ」**という考え方があるからです。なぜならば、いい報告は別に聞かないで放っておいても問題にはなりませんが、悪い報告というものは、少しでも早く手を打たなければならないからです。「保守主義の原則」は、そのような報告の本質に根ざした重要なルールなのです。

「保守主義の原則」とは？

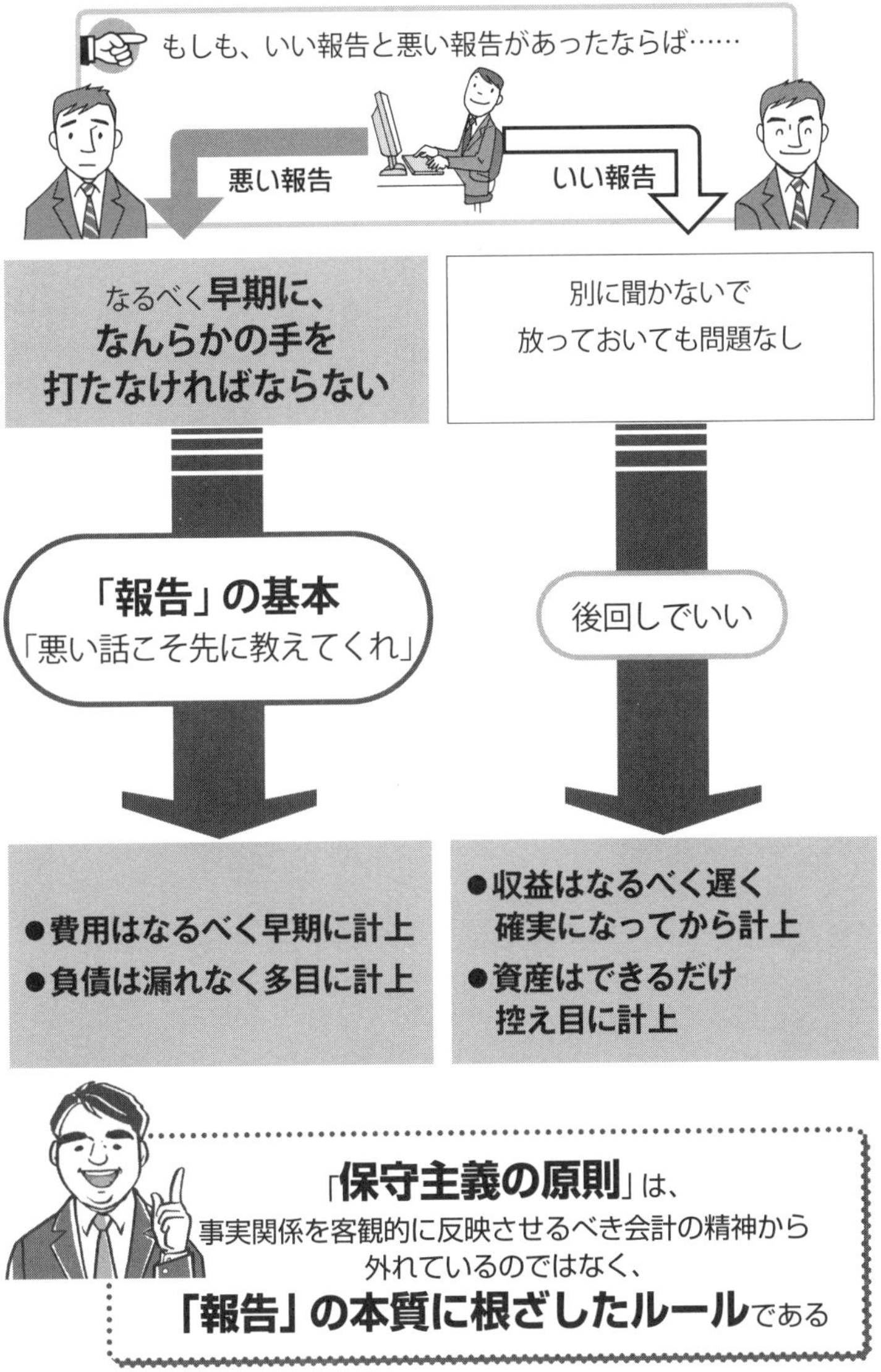
もしも、いい報告と悪い報告があったならば……
悪い報告
いい報告
なるべく早期に、
なんらかの手を
打たなければならない
別に聞かないで
放っておいても問題なし
「報告」の基本
「悪い話こそ先に教えてくれ」
後回しでいい
●費用はなるべく早期に計上
●負債は漏れなく多目に計上
●収益はなるべく遅く
確実になってから計上
●資産はできるだけ
控え目に計上
「保守主義の原則」は、
事実関係を客観的に反映させるべき会計の精神から
外れているのではなく、
「報告」の本質に根ざしたルールである

6 「引当金」ってどんなもの？

将来の費用や損失でも、要件を満たすなら前もって計上しなくてはならない

これまで、あえて説明を避けていましたが、会計には保守主義の原則に関連したとても興味深い処理方法があります。それは「**引当金**」というものです。

たとえば、売上債権の中に回収が困難となっている不良債権があるとしましょう。相手先が倒産でもすれば回収不能が確定して、「貸倒損失」という費用を計上することになります。しかし、相手先がしぶとく生き残っていてなかなか回収不能が確定せず、そうはいっても事実上はほぼ回収は無理であろうというようなことは少なくありません。

このときに、保守主義の「費用はなるべく早期に計上せよ」という考え方により、**将来の回収不能額を見積もって、事前に費用とする**ことが認められています。

このように将来の費用や損失であっても、その原因は過去に生じており、その発生の可能性が高く、しかもその発生額を合理的に見積もることができる場合には、前もって費用を計上しておかなければならないとされています。このときに「引当金」という科目が決算書に登場することとなります。

「引当金」とは？

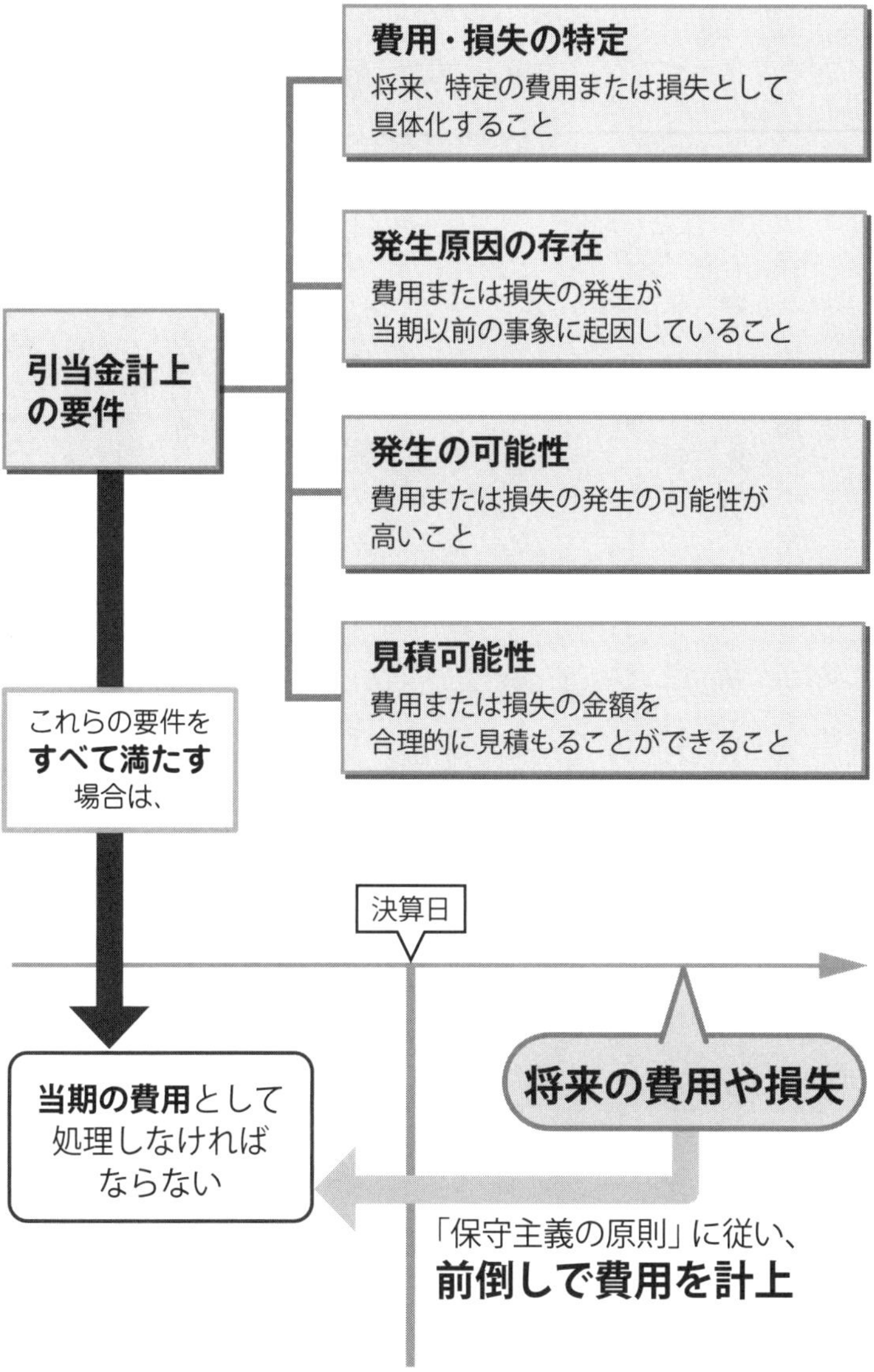

引当金計上の要件
費用・損失の特定
将来、特定の費用または損失として具体化すること
発生原因の存在
費用または損失の発生が当期以前の事象に起因していること
発生の可能性
費用または損失の発生の可能性が高いこと
見積可能性
費用または損失の金額を合理的に見積もることができること
これらの要件をすべて満たす場合は、
決算日
当期の費用として処理しなければならない
将来の費用や損失
「保守主義の原則」に従い、
前倒しで費用を計上

◆引当金はどうやって計上されるのか？

先の例のように、将来に発生するであろう債権の貸倒れによる損失に備えるために計上される費用のことを**「貸倒引当金繰入額」**と言います。そのような費用計上の対象となった債権は、不良債権であるとは言え法律上の減額は発生していません。そのため、もともとの債権額を減らすことはできません。

ところが、この「貸倒引当金繰入額」を計上する際には、減らすことができなかった債権額の代わりに**「貸倒引当金」**という科目を資産の減少項目として貸借対照表に計上します。したがって、それを差し引いて読めば、債権の回収可能額を知ることができます。

また、将来に必ず発生する修繕費を毎期の費用として前倒しで計上していくような場合も、**「修繕引当金」**という引当金を使って会計処理を行います。従業員の将来の退職金に対して、毎期の費用部分を計算して前倒しで費用計上する場合にも、**「退職給付引当金」**を使います。そして、これらは貸借対照表では負債として取り扱われます。

引当金には、このほかにもさまざまな種類がありますが、いずれにせよ重要な点は引当金の計上要件を満たしている場合には、必ず引当金を設定しなければなりません。また、その根拠は「保守主義の原則」によるものであるということです。

「貸倒損失」と「貸倒引当金」の処理

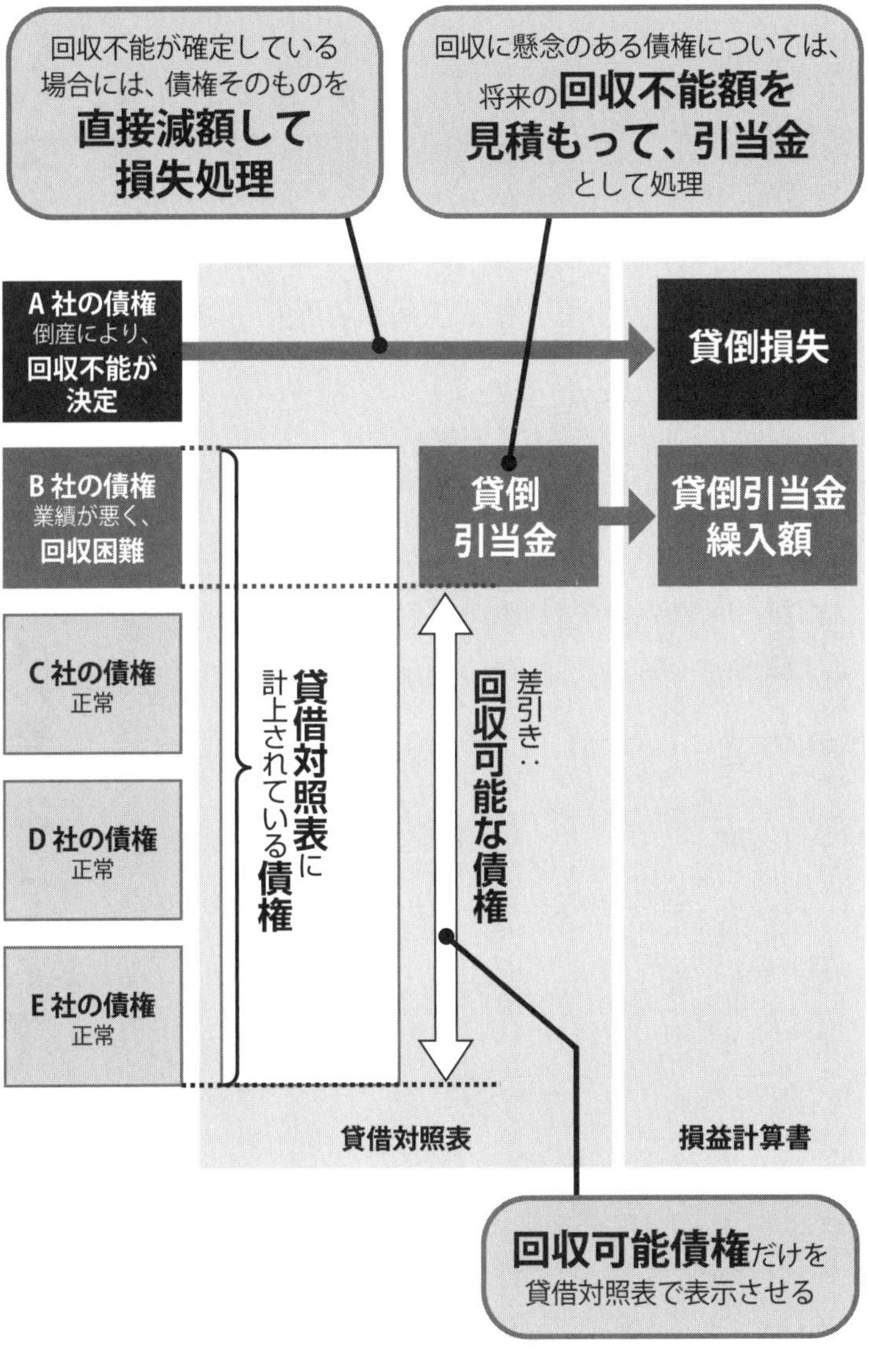

回収不能が確定している場合には、債権そのものを直接減額して損失処理
回収に懸念のある債権については、将来の回収不能額を見積もって、引当金として処理
A社の債権
倒産により、回収不能が決定
貸倒損失
B社の債権
業績が悪く、回収困難
貸倒引当金
貸倒引当金繰入額
C社の債権
正常
D社の債権
正常
E社の債権
正常
貸借対照表に計上されている債権
差引き：回収可能な債権
貸借対照表
損益計算書
回収可能債権だけを貸借対照表で表示させる

7

損益計算書のほうが重視されている

「業績報告」を重視するため、貸借対照表より損益計算書を厚遇

ここまで説明してくると気づいてくる方もいらっしゃるかもしれませんが、じつは、損益計算書と貸借対照表の関係は、第1章で説明したような並列的な関係であるとは言えなくなってきています。

たとえば、棚卸資産は、売れ残りは売上原価にしてはいけないという理由から貸借対照表の資産とされていました。有形固定資産や無形固定資産も、使用期間にわたる原価配分を、毎期の損益計算になるべく変な影響を与えないように規則的な計算を行わせ、結果的に意味のない簿価を貸借対照表に計上する羽目になっています。

繰延資産にしても、引当金にしてもそうですが、ようするに損益計算書における毎期の損益計算を合理的に行うために収益や費用の計上を厳しく取り締まり、そこからあふれた取引はとりあえず貸借対照表に載せておいて、年さえ越せればいいように見えます。

結局、現代の会計では**「業績報告」が優先**され、損益計算書のほうが厚遇されていると言えます。その結果、貸借対照表は本来の財産目録とは呼びづらくなっているのです。

貸借対照表は、正しい財産目録ではなくなっている

収益や費用の計上からあふれた取引が
とりあえず貸借対照表に載っている

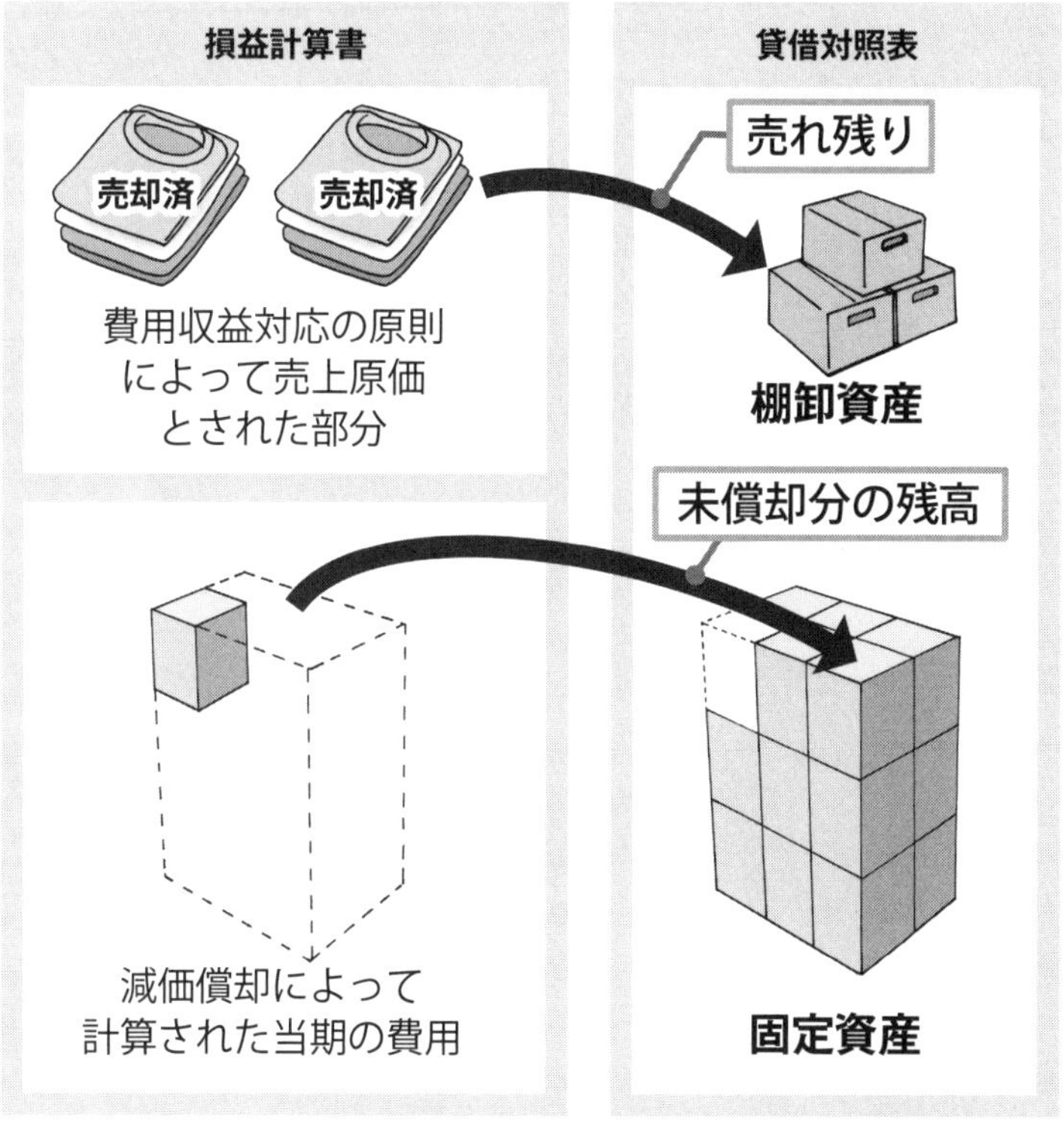

損益計算書
貸借対照表
売却済
売却済
売れ残り
費用収益対応の原則によって売上原価とされた部分
棚卸資産
未償却分の残高
減価償却によって計算された当期の費用
固定資産

現代の会計では、「業績報告」が優先されている。
その結果、**「損益計算書」のほうが厚遇**され、
「貸借対照表」は、
本来の財産目録とは呼びにくくなっている

8

「時価会計」ってどんなもの？

時価会計の導入で貸借対照表の財産計算という側面が充実してきた

貸借対照表の面目躍如は「時価会計」の導入です。これは42ページで説明した「取得原価主義」を調整する目的で部分的に取り入れられている会計手法です。

損益計算書に牛耳られているとは言え、貸借対照表は、本来の役割である「財産計算」という側面を放棄したわけではありません。ところが、有価証券のように相場の変動が著しい資産について、取得原価主義にこだわって会計処理を続けていては、貸借対照表で報告される財産の金額は、結果的にデタラメなものとなってしまいます。

そこで、そのように時価を把握することが容易である資産や負債については、貸借対照表を作成する際に、期末時価による評価額を計上することとし、取得原価との差額を「評価損益」として、損益計算に含めることとしているのです。

このような会計処理の方法は、我が国では1999年頃から金融資産を中心に活発に取り入れられてきました。それがいまや、売上債権や棚卸資産、固定資産についても積極的に時価で評価することが主流となってきています。

「時価会計」の評価のやり方

現在は「**時価会計**」という手法が導入され、
時価を把握することが容易な資産や負債は、
貸借対照表に、**期末時価による評価額を計上**する

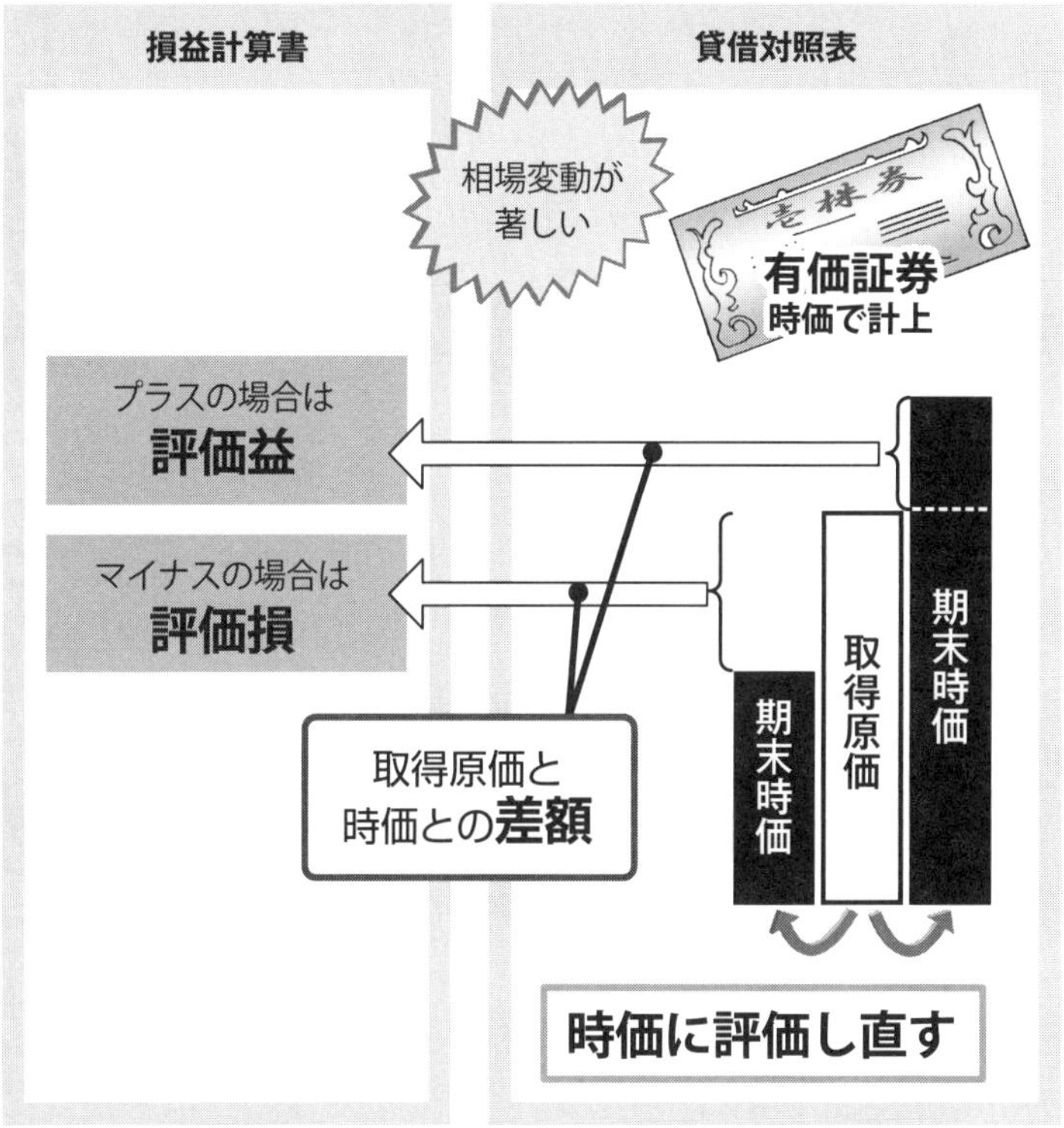

損益計算書
貸借対照表
相場変動が著しい
壱株券
有価証券
時価で計上
プラスの場合は
評価益
マイナスの場合は
評価損
取得原価と時価との差額
期末時価
取得原価
期末時価
時価に評価し直す

金融資産をはじめ、**売上債権**や**棚卸資産**、
固定資産についても
積極的な時価評価が主流となってきている

9 会計に関する3つの法律は知っておこう

「会社法」「金融商品取引法」「法人税法」も知っておこう

会計に関する法律「会社法」「金融商品取引法」「法人税法」の3つを知っておきましょう。

◆「会社法」とは？

「会社法」とは、「商法」の子供、「民法」の孫のような法律で、主として会社に関する法律関係について、**当事者間の利害を調整する**目的があります。すべての会社が規制される法律ではありますが、あくまでも当事者間の利害調整ですので、株主や債権者といった法務上の関係者のみが保護の対象とされていることが特徴です。その結果、「会社法」のもとでは、会社の財産的な基盤を重視して決算書が作成される傾向があります。

ちなみに会社法では、決算書のことを「**計算書類**」と呼んでいます。

◆「金融商品取引法」とは？

「金融商品取引法」の目的は「**金融商品市場の健全性の確保**」です。そのためには、市場参加者だけでなく参加予定者も含めて、すべての人々が安心して取引ができるようにしなければなりません。したがって、保護対象は「会社法」よりも数倍広くなり、業績に関する情報をふんだんに提供させようとしています。

しかし、そもそも金融商品取引所で株式や債券を売買しているのは、我が国に現存する会社の1％未満ですから、この法律に従わなければならない会社は極めて少ないと言えます。

ちなみに、金融商品取引法では、決算書のことを「**財務諸表**」と呼んでいます。

◆「法人税法」とは？

「法人税法」は、法人税の計算に関するルールを定めた法律です。すべての法人は原則として法人税を納めなければならず、その計算方法についてさまざまな規定を設けています。法人税の最も重要な目的は「**公平な課税**」であり、どんな会社もまったく均質な所得計算ができるということを重視しています。

このため、他の法律にもとづいて計算された利益を否定するものではなく、**税金の面で都合が悪ければ、その部分だけ調整してくれればいい**というスタンスです。しかし、この調整はあまりにも面倒なので、税法の規定を使って会計処理を行うことが一般的です。

金融商品取引法

「**金融商品市場の健全性の確保**」を
目的とし、より多くの経営情報を公開している

TOKYO
市場参加者
経営情報
経営情報
参加予定者

金融商品取引法上、決算書を
「**財務諸表**」と呼んでいる

法人税法

法人税の計算に関するルールを定めており
「**公平な課税**」を目的としている

boutique
税務署
ラーメン
どの会社も均質な
所得計算ができる

他の法律にもとづいて計算された利益を、
税金面で都合の悪い部分だけ調整して計算する。
しかし、その調整はあまりにも面倒なので、
税法の規定を使って会計処理を行うことが一般的

会計に関係する3つの法律

会計ルールは、「企業会計原則」という慣行しかないが、
会計に関する法律では「会社法」、「金融商品取引法」
「法人税法」の３つがある

会社法

すべての会社が規制される法律であり、
「**当事者間の利害調整**」を目的としている

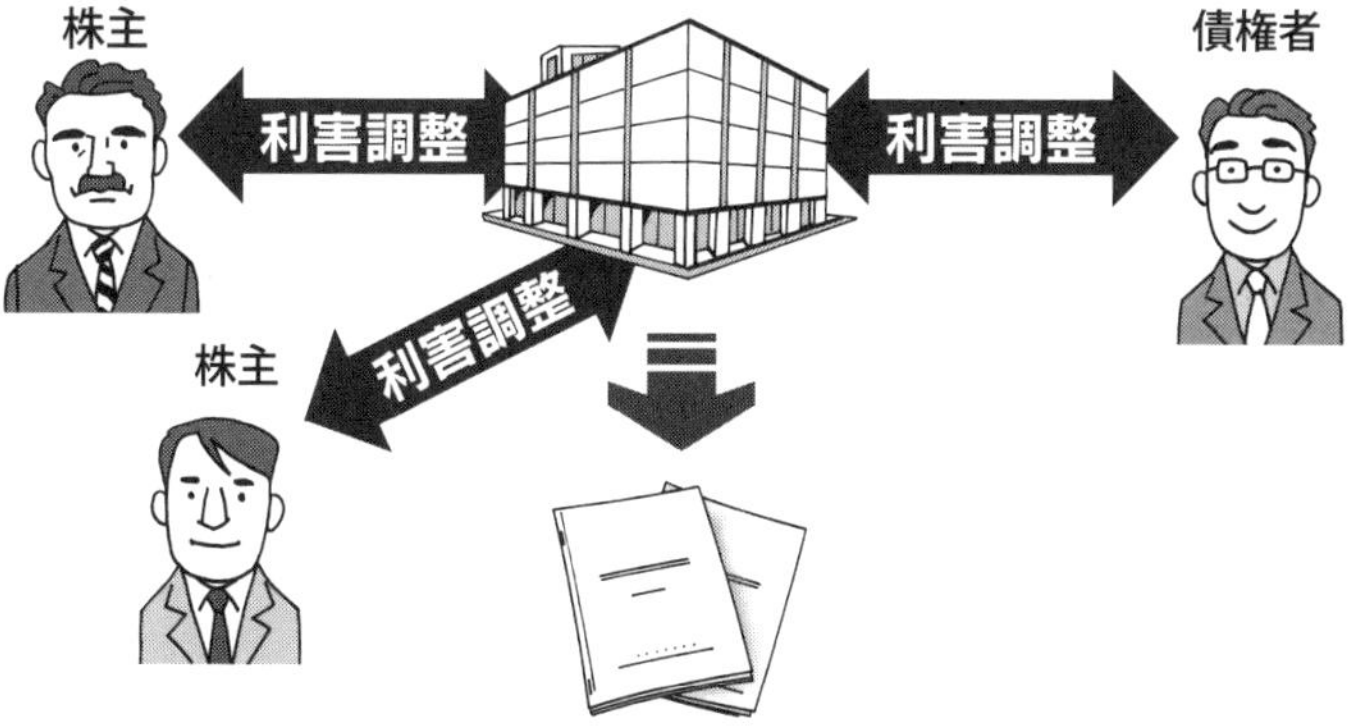

会社法上、決算書を「計算書類」と呼んでいる。
法務上の関係者である**「株主」や「債権者」のみが**
保護の対象とされているため、
会社の財産的な基盤を重視して決算書が作成される傾向がある

10 「連結財務諸表」ってどんなもの？

連結財務諸表の導入により、グループ会社間の利益調整は無意味になった

金融商品取引法の「財務諸表」では、特徴的なルールがあります。それは、企業グループを形成している企業については、その企業の単体の会計報告よりも、**企業グループ全体をあたかもひとつの企業とみなして**決算書を作成し、それを報告させることを重視していることです。

このような企業グループ全体の決算書のことを「**連結財務諸表**」と言います。

このような考え方には、我が国の企業が、子会社との取引を利用して損失を付け替えるなどの粉飾すれすれの決算を繰り返していたという背景があります。このような問題を取り除くために「連結財務諸表」を重視するようになったのです。

「連結財務諸表」によれば、親会社と子会社との取引は、あたかも社内取引であるかのように相殺消去され、最終的には、その企業グループが外部の取引先と行った取引のみで利益が計算されます。その結果、先のような小ざかしい利益調整はまったく意味をなさないこととなりました。

連結財務諸表とは？

「金融商品取引法」の「財務諸表」では、
企業グループを形成している企業には、**グループ全体**を
ひとつの企業とみなして決算書を報告させることを
重視している

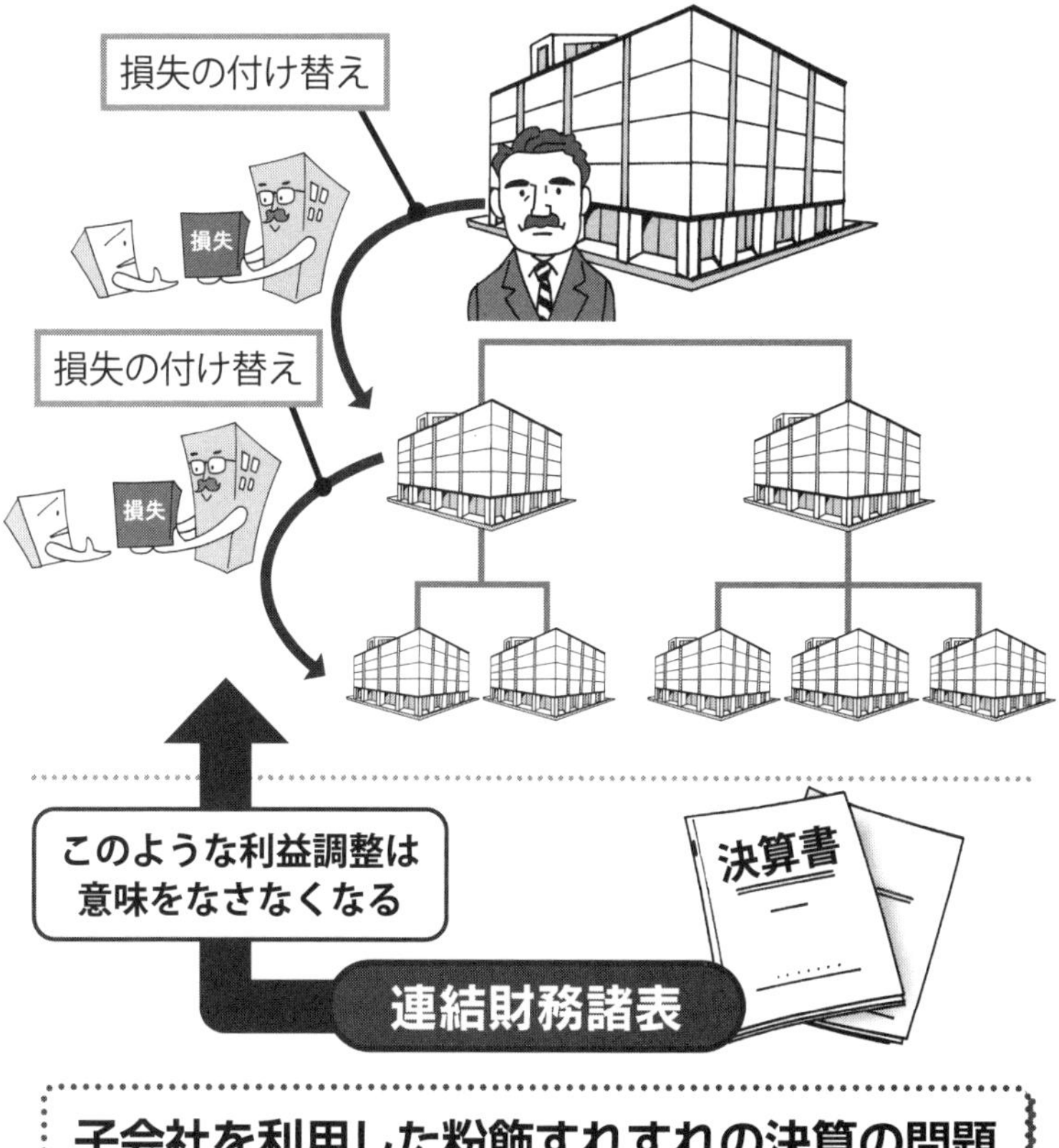

損失の付け替え
損失
損失の付け替え
損失
このような利益調整は
意味をなさなくなる
決算書
連結財務諸表

子会社を利用した粉飾すれすれの決算の問題
を払しょくするため、
「連結財務諸表」が重視されるようになった

コラム 財務会計と管理会計

会計を取り巻く基本的なルールとしては、「一般に公正妥当と認められる会計慣行」をまとめる形で編纂《へんさん》された「企業会計原則」があります。そして、各種の法律が、会計に関しては「企業会計原則」に従うことを求めています。しかし、このように会計ルールに縛られるのは、決算書が本来の目的である「報告書」としての役割を果たす場面に限られます。

このように、決算書が「報告書」として機能するための会計を「財務会計」と呼ぶことがあります。でも、実際の会計は、それほど堅苦しく不自由なものではありません。

なにしろ、企業活動に関する財産の増減が漏れなく記録されているデータですから、考え方を変えれば、もっと多くの利用価値があります。

ひとつの例として、自分の会社の会計データを詳しく分析してみれば、普段では気がつかない経営上の弱点や問題点を発見することができます。

たとえば、会計データを利用して商品別に売上高を集計してみれば、どの商品が売れ筋でどの商品が死に筋かを客観的に観察することができます。さらに、商品別の在庫についても、それぞれの商品の売上状況と照らして在庫数量は合理的であるかどうか、特定の商品について売れ残りの影響で在庫が多くなり過ぎていないかといったことを検討することができます。

もしも、会計データをこのようなことに利用したいとすれば、少なくとも売上データや在庫データは、商品別に作成されていることが前提条件となります。しかし、「財務会計」では、それほど細かい情報提供を求めていませんので、そこまでする必要はありません。

このため、社内のマネジメントの目的で、「財務会計」よりも詳しい会計データを作成し、それを利用する会計のことを「管理会計」と呼んでいます。

第7章

決算書の具体的な読み方

1

前期と当期を比較して読む

自社が成長しているかどうかは、時系列で比較する

これまで、決算書の基本的な事柄やルール、注意点を説明してきました。この章では、実際に決算書を読んでいきましょう。

これまでも繰り返し説明してきましたが、「**比較する**」ことが決算書を読むときの王道です。

決算書の具体的な読み方として、まずは同じ会社の決算書を、前々期、前期、当期といった具合に、何期かにわたって比較する方法です。この方法を「**時系列比較**」と言います。

たとえば、損益計算書にある売上が前期よりも伸びたのか、営業利益や経常利益はどうか、最終的な当期純利益は増えたのか減ったのかといったことを読み取っていく方法です。

また、ほかの会社と比較するという読み方もあります。ひとつの会社の時系列比較だけでは、その会社の儲けを客観的に見ることができないため、他社と比べる方法です。ただし、異業種の場合、利益の構造が異なるケースが多いため、同業の会社と比較するのが一般的です。これを「**同業他社比較**」と言います。

「時系列比較」と「同業他社比較」で読む

●時系列比較

前々期、前期、当期など、時系列に比較し、
会社が伸びているかどうかを読む

前々期 平成23年度 ⟷ **前期** 平成24年度 ⟷ **当期** 平成25年度

売上高と**売上総利益**は**増加**

	前期	当期
売上高	635,000	698,000
売上原価	452,000	497,000
売上総利益	**183,000**	**201,000**
販売費及び一般管理費	167,000	188,000
営業利益	**16,000**	**13,000**
営業外収益	1,900	1,900
営業外費用	900	900
経常利益	**17,000**	**14,000**
特別利益	1,000	3,000
特別損失	2,000	1,000
税引前当期純利益	**16,000**	**16,000**
法人税等	6,000	6,000
当期純利益	**10,000**	**10,000**

特別利益が増えたため、
税引前当期純利益以降は
前期と**変わらず**

販管費が増えたため、
営業利益と**経常利益**は**減少**

●同業他社比較

同じ業種の他社と比較し、客観的に経営状況を判断する

当社の決算書 ⟷ **同業他社**の決算書

2

規模の異なる会社を比較するには？

規模が違う会社の比較は、数値の大小ではなく「割合」を使う

決算書を読むための基本は「比較」ですが、この「比較」が困難なケースがありますので注意が必要です。

たとえば、左の図にある、2つの会社の決算書のデータを「比較」によって読もうとすると、かなり難しいことがわかります。これら2つの会社はあまりにも規模が違うために、どこを見ても「A社のほうが大きい」という結論しか得ることができないからです。「比較」とは、簡単に言えば2つの数字の大小の問題です。ですから、つねに一方が大きいという状況では「比較で読む」ことは有効な作戦とは言えません。

ところが、皆さんはすでに小学校の頃に「**割合**」というものを学習済みです。たとえば、土地の値段を比較する場合、広い土地のほうが高いに決まっていますが、「坪単価」を計算しそれを比較することで、どちらの土地が割高であるかを知ることができます。

同様に、決算書を読む場合にも、ある種の割合を用いると読みやすくなります。この手法を「**財務分析**」と呼びます。

比較するときは「割合」が効果的

A社　損益計算書（要約）

売上高	63,451
売上原価	45,685
売上総利益	17,766
販管費	14,593
営業利益	3,173
営業外損益	△846
経常利益	2,327
特別損益	△309
税引前当期純利益	2,018
法人税等	928
当期純利益	1,090

B社　損益計算書（要約）

売上高	27,855
売上原価	19,777
売上総利益	8,078
販管費	5,850
営業利益	2,228
営業外損益	△403
経常利益	1,825
特別損益	△209
税引前当期純利益	1,616
法人税等	744
当期純利益	872

規模が違いすぎるので、
「どこを見てもA社のほうが大きい」
としか見えない

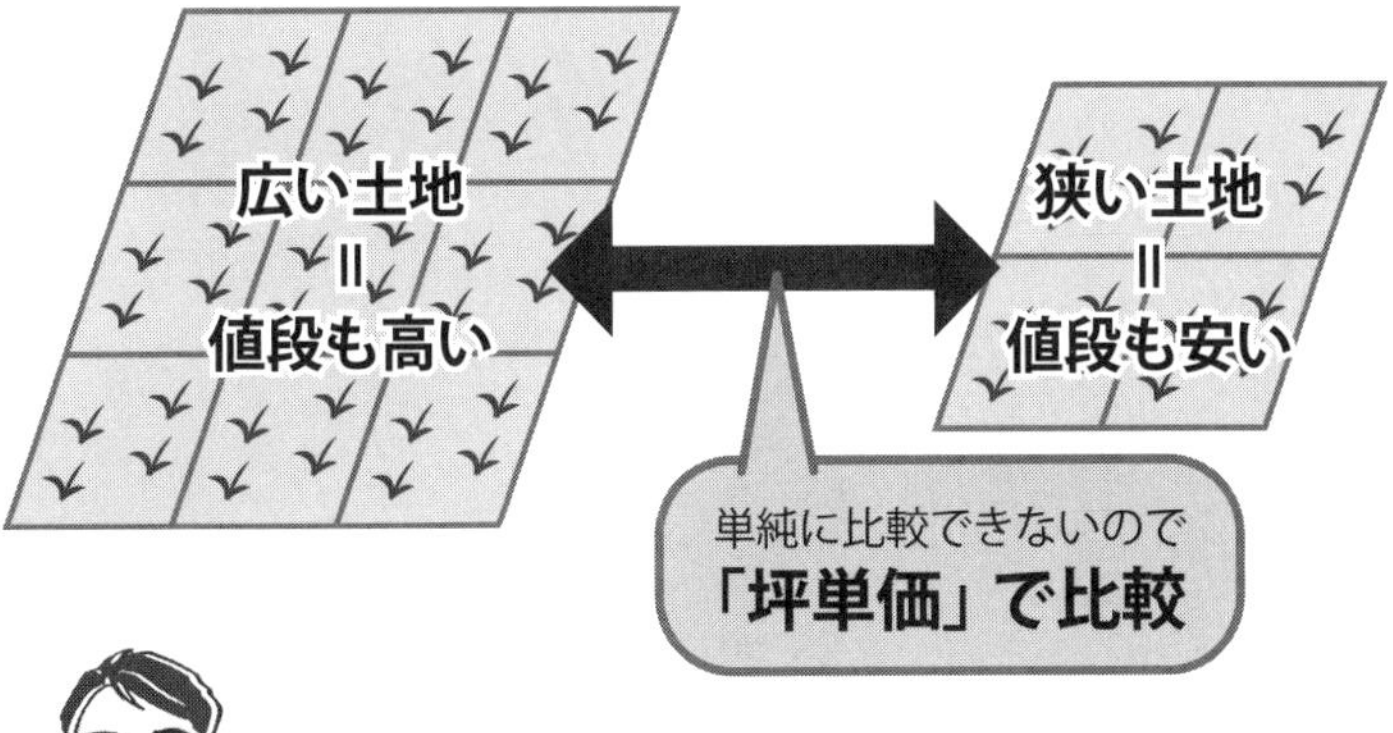
広い土地
＝
値段も高い
狭い土地
＝
値段も安い
単純に比較できないので
「坪単価」で比較

決算書も「割合」を用いると読みやすくなる

3 儲けるのがうまいか下手かを分析する

会社の収益性は、運用利回りを示す資本利益率で表わされる

「財務分析」とは、決算書のデータを「割合」の手法で加工して読みやすくすることと考え、早速、簡単な財務分析をやってみましょう。

まず、一番最初にお話したいのが「**収益性分析**」です。

会社は、多くの投資家からお金を集めてそれを事業で運用し、利益の一部を投資家に分配する仕組みでしたから、運用がうまいか下手かは、運用利回りで測ることができます。そして、会社の運用利回りによって、会社の儲け具合、すなわち「収益性」を考えるのが「収益性分析」です。

一般的に「**運用利回り**」は、「運用される財産の量」と、そこから生み出される「運用利益」との割合として計算されます。そのため、会社の運用利回りは「**資本利益率**」として計算されます。

資本利益率には、借金も含めた総資産の運用に関する「**総資本利益率**」と、純粋に株主から拠出された資本の運用に関する「**自己資本利益率**」の2種類があります。

「資本利益率」で利回りを分析する

総資本利益率 ＝ 経常利益 ／ 総資本（総資産）

自己資本利益率 ＝ 当期純利益 ／ 純資産

○貸借対照表

	A社	B社
流動資産	20,244	7,054
固定資産	15,887	6,744
資産合計	36,131	13,798
流動負債	8,564	3,264
固定負債	21,777	6,095
負債合計	30,341	9,359
純資産	**5,790**	**4,439**
負債・純資産合計	**36,131**	**13,798**

○損益計算書

	A社	B社
売上高	63,451	27,855
売上原価	45,685	19,777
売上総利益	17,766	8,078
販管費	14,593	5,850
営業利益	3,173	2,228
営業外損益	△846	△403
経常利益	**2,327**	**1,825**
特別損益	△309	△209
税引前当期純利益	2,018	1,616
法人税等	928	744
当期純利益	**1,090**	**872**

総資本利益率

A社 $\frac{2,327}{36,131}$ ≒ **6.4%**

B社 $\frac{1,825}{13,798}$ ≒ **13.2%**

自己資本利益率

A社 $\frac{1,090}{5,790}$ ≒ **18.8%**

B社 $\frac{872}{4,439}$ ≒ **19.6%**

総資本利益率も自己資本利益率も
B社のほうが利益率が**高い**ので、
B社のほうが運用利回りがいい

4

「収益性分析」から、会社の無駄がわかる

「売上高利益率」や「総資本回転率」から、経費や資産の無駄がわかる

資本利益率は会社の運用利回りですから、これが高いほど儲けるのが上手だということになりますが、それだけでは面白くありません。せっかく、分析をするのであれば、もっと詳しい情報が欲しくなります。

収益性分析は、そのような決算書の利用者のニーズに十分応えてくれます。

総資本利益率を例に説明しますと、まずはこの計算式を左の図のように分解してみましょう。これらを、それぞれ「売上高利益率」と「総資本回転率」と呼びます。

「**売上高利益率**」は、売上高と利益との関係を表しています。利益は売上高から費用を引いたものですから、売上高の割りに利益が少ないとすれば、それは「**経費がかかり過ぎている**」ということになります。売上高利益率が高いほうが、効果的に稼いでいることを表します。

一方、「**総資本回転率**」は、売上高と総資産との関係を表しています。この比率が悪い（低い）場合には、「**余計な資産を持ち過ぎている**」ということがわかるのです。

「売上高利益率」「総資本回転率」で収益性を分析する

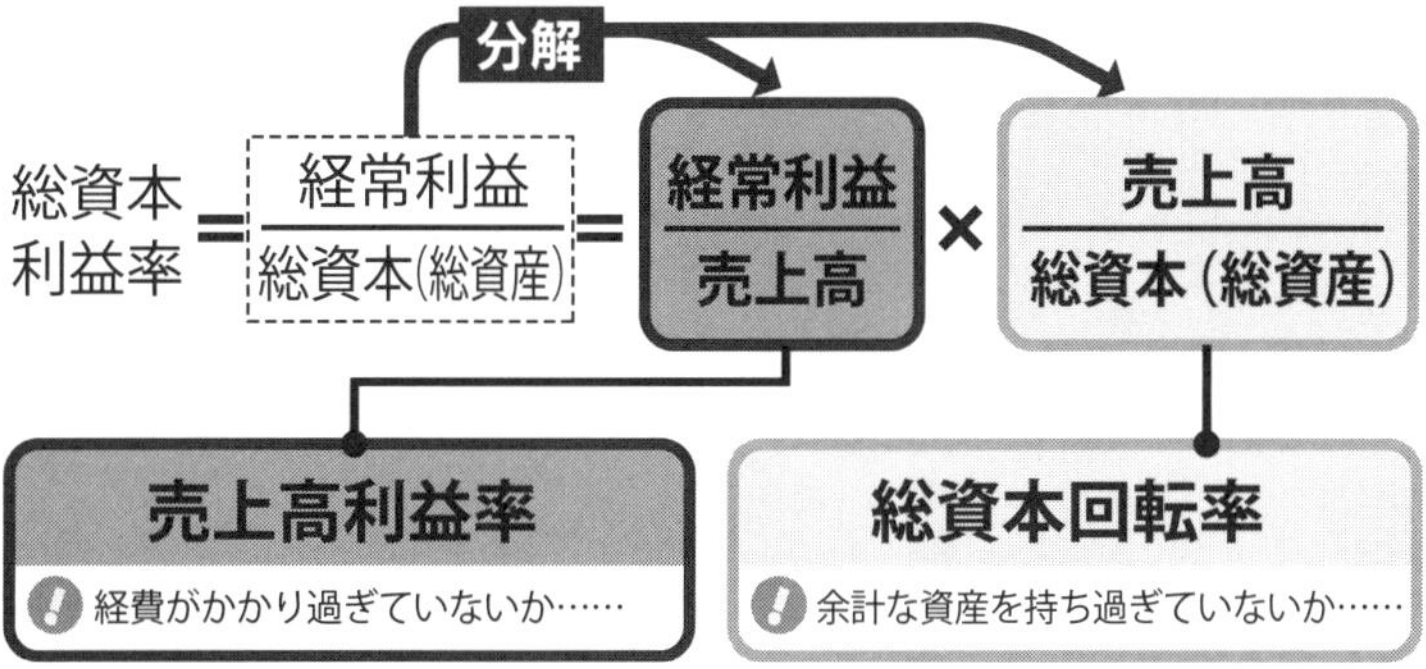

分解
総資本利益率
経常利益
総資本(総資産)
経常利益
売上高
×
売上高
総資本(総資産)
売上高利益率
経費がかかり過ぎていないか……
総資本回転率
余計な資産を持ち過ぎていないか……

○貸借対照表

	A社	B社
流動資産	20,244	7,054
固定資産	15,887	6,744
資産合計	**36,131**	**13,798**
流動負債	8,564	3,264
固定負債	21,777	6,095
負債・純資産合計	**36,131**	**13,798**

※「資産合計」と「負債・純資産合計」は同じ値となる

○損益計算書

	A社	B社
売上高	**63,451**	**27,855**
売上原価	45,685	19,777
売上総利益	17,766	8,078
販管費	14,593	5,850
営業利益	3,173	2,228
営業外損益	△846	△403
経常利益	**2,327**	**1,825**
特別損益	△209	△209

売上高利益率

A社 $\frac{2,327}{63,451}$ ≒ **3.7%**

B社 $\frac{1,825}{27,855}$ ≒ **6.6%**

総資本回転率

A社 $\frac{63,451}{36,131}$ ≒ **1.76回**

B社 $\frac{27,855}{13,798}$ ≒ **2.02回**

B社のほうが利益率が**高い**ので、**効率的に稼いでいる（無駄な経費が少ない）**

B社のほうが回転率が**高い**ので、**資産を効率的**に使っている**（無駄な資産が少ない）**

5 「売上高利益率」でどんなことがわかる?

売上高利益率でどの経費が無駄なのかを具体的に特定できる

「売上高利益率」を使いこなせば、さらに「経費の無駄遣い」を具体的にあぶり出すことができます。と言いますのも、損益計算書からは、売上高と利益以外にも、どのような経費をどれほど使ったのかという、もう少し詳しい情報が提供されているからです。

段階利益と売上高の比率とか、具体的な経費と売上高の比率とか、そういうものを計算し比較すれば、具体的にどの経費が無駄遣いになっているかを知ることができるわけです。

たとえば、売上総利益は、その会社の商品や製品、サービスの競争力を示すわけですから、同様に**「売上総利益率」**こそが競争力の指標となります。また、原価にどれほどの粗利を乗せて販売しているかという目安にもなります。

一方、売上高と経費との比率は、**「これだけの売上高を獲得するために、どれほどの費用を使ったのか」**を割合で表します。もしも、他社と比較して売上高に対する人件費の比率が高いようであれば、従業員が多過ぎて非効率であるとか、従業員の平均年齢が高くなっていて、その分人件費が高くなっているとか、そういうことがわかるのです。

「売上高段階利益率」「費用対売上高比率」で無駄を調べる

$$売上高段階利益率 = \frac{段階利益}{売上高}$$

段階利益：売上総利益／営業利益／経常利益

○損益計算書

	A社	B社
売上高	**63,451**	**27,855**
売上原価	45,685	19,777
売上総利益	**17,766**	**8,078**
販管費	14,593	5,850
営業利益	**3,173**	**2,228**
営業外損益	△846	△403
経常利益	2,327	1,825

	A社	B社
売上**総利益**率	28.0%	29.0%

会社の**競争力**がわかる

	A社	B社
売上高**営業利益**率	5.0%	8.0%

販管費の**無駄遣い**がわかる

それぞれの販管費の無駄遣いを調べる

$$費用対売上高比率 = \frac{経費}{売上高}$$

○損益計算書

	A社	B社
売上高	**63,451**	**27,855**
売上原価	45,685	19,777
売上総利益	17,766	8,078
人件費	**7,865**	**2,359**
広告費	**2,007**	**999**
地代家賃	**3,224**	**1,606**
その他販管費	1,497	886

	A社	B社
売上高**人件費**率	12.40%	8.47%
売上高**広告費**率	3.16%	3.59%
売上高**地代家賃**率	5.08%	5.77%

A社は人件費がかかり過ぎている

6 「資本回転率」でどんなことがわかる？

資本（資産）回転率でどの資産が無駄なのかを具体的に特定できる

「総資本回転率」で無駄な資産をあぶり出すためには、貸借対照表に、どのような資産をどれだけ持っているかということが示されていますので、それを利用することになります。

総資本回転率は、「**これだけの売上高を獲得するために、どれほどの資産を持っていなければならないか**」ということを割合で示しています。ですから、それぞれの資産に対して比較すれば、他社と比べて有形固定資産が多過ぎるのであれば、必要以上に機能のよい高い設備を買ってしまったとか、持っている設備のうち、ほとんど使ってないものがあるとか、そもそも事業に貢献しない余計な設備を買ってしまったとか、が予想されるわけです。

この場合、一般的には「**回転期間**」という指標として計算することが多いということを知っておいてください。この「回転期間」では、「総資本回転率」の計算とは、分母と分子が反対になっていて、しかも売上高は12で割り、平均月商としていることがポイントです。

こうしておけば「何カ月分の売上高」という見方ができますから、こちらのほうが、直観的な理解を得やすいと言えます。

「資産回転期間」で無駄をあぶり出す

$$\textbf{総資本回転率} = \frac{売上高}{総資産（総資本）}$$

これだけの売上高を獲得するために、どれほどの資産を持っていなければならないか

資産の中で、
無駄なものをあぶり出す

$$\textbf{資産回転期間} = \frac{各資産残高}{売上高 \div 12}$$

「資産の部」に資産の内訳が記載されている。一般的には「**回転期間**」という指標が使われる

○貸借対照表

	A社	B社
現金預金	2,546	1,177
売上債権	**9,634**	**3,386**
棚卸資産	**6,827**	**1,811**
その他流動資産	1,237	680
有形固定資産	9,993	4,218
無形固定資産	1,528	611
投資等	4,366	1,915
資産合計	36,131	13,798

○損益計算書

	A社	B社
売上高	63,451	27,855

	A社	B社
売上債権回転期間	1.82回	1.46回

A社に、**不良債権**の存在や**回収条件のまずさ**の疑い

	A社	B社
棚卸資産回転期間	1.29回	0.78回

A社に、仕入れ過ぎや販売不振による**過剰在庫**の疑い

7 倒産しないかどうかを分析する

「安全性分析」で会社の支払能力を調べる

もうひとつだけ貸借対照表を利用したポピュラーな分析手法をご紹介しておきましょう。それは「**安全性分析**」というものです。

「安全性」とは、簡単に言えば「その会社が倒産しないかどうか」です。すでに何度もお話した通り、会社の倒産というのは支払不能を意味しますので、この分析では**「支払能力」を確かめる**ことになります。

では、「支払能力」とは何かということですが、それは「支払義務に対してどれだけの支払準備を持っているか」ということになります。

そして、「支払義務」は貸借対照表の負債がそれに当たります。一方、負債を支払う場合には、現金や預金で支払いを済ませなくてはなりませんが、棚卸資産や売上債権であっても、支払期限までに資金化されていれば、それらも支払準備としてカウントすることができます。結局、資産のすべてを、将来の資金として考えることができるでしょう。

つまり、「安全性分析」は、**負債と資産とのバランスを見る**ことになります。

「安全性分析」で負債と資産のバランスを見る

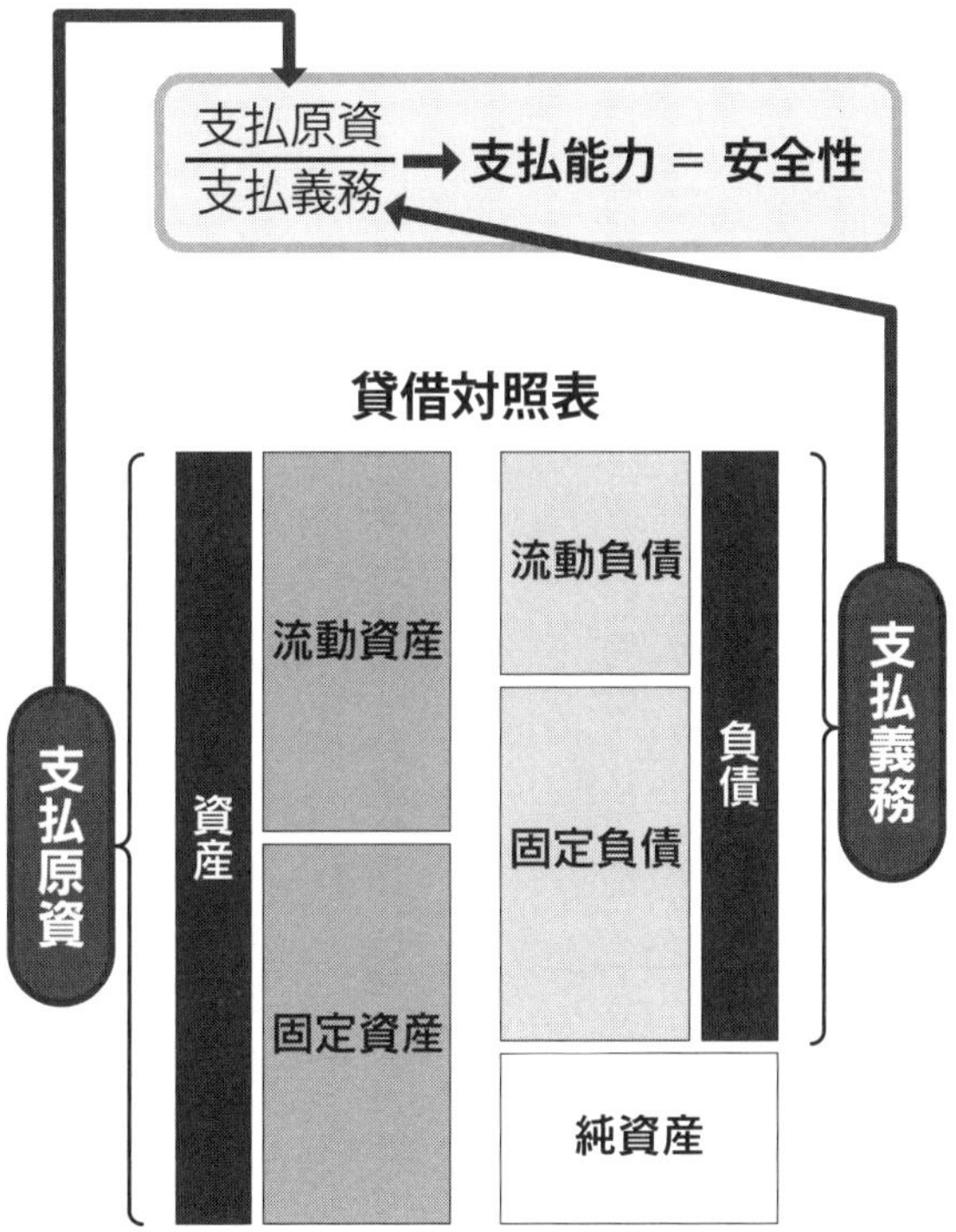

支払原資
支払義務
支払能力 = 安全性
貸借対照表
資産
流動資産
固定資産
流動負債
固定負債
負債
純資産
支払原資
支払義務

流動資産	20,244
固定資産	15,887
資産合計	**36,131**

流動負債	8,564
固定負債	21,777
負債合計	**30,341**
純資産	5,790
負債·純資産合計	36,131

$$\frac{\text{支払原資}}{\text{支払義務}} = \frac{36,131}{30,341} \fallingdotseq \mathbf{119\%}$$

8 短期の安全性と長期の安全性を分析する

「流動比率」で短期の安全性を、「自己資本比率」で長期の安全性を見極める

「安全性分析」では、まず最初に短期の安全性を確かめます。安全性とは「会社が倒産しないかどうか」ですから、近い将来について最初に分析する必要があります。

この短期の安全性分析では、短期の支払義務と短期の支払準備を比較することになります。前者として流動負債を、後者として流動資産を用い、「**流動比率**」と呼ばれる分析指標を計算します。

流動比率が高いほど短期的な支払準備が十分であるということですが、仮に流動比率が100％を下回ったからといって、その会社が1年以内に倒産してしまうというわけではありません。

どんな経営者でも会社は潰したくありません。すなわち、背に腹は変えられないとなれば、固定資産だってなんだってお金に変えようとするでしょうし、1年もあれば土地でも車でも売ることは可能です。

ですから、**流動比率は財務の構造を分析するためのもの**であり、倒産を予知するもので

「流動比率」で短期の安全性を調べる

$$\text{流動比率} = \frac{\text{流動資産}}{\text{流動負債}}$$

短期の安全性を見る指標。
比率が**高い**ほど**安全**

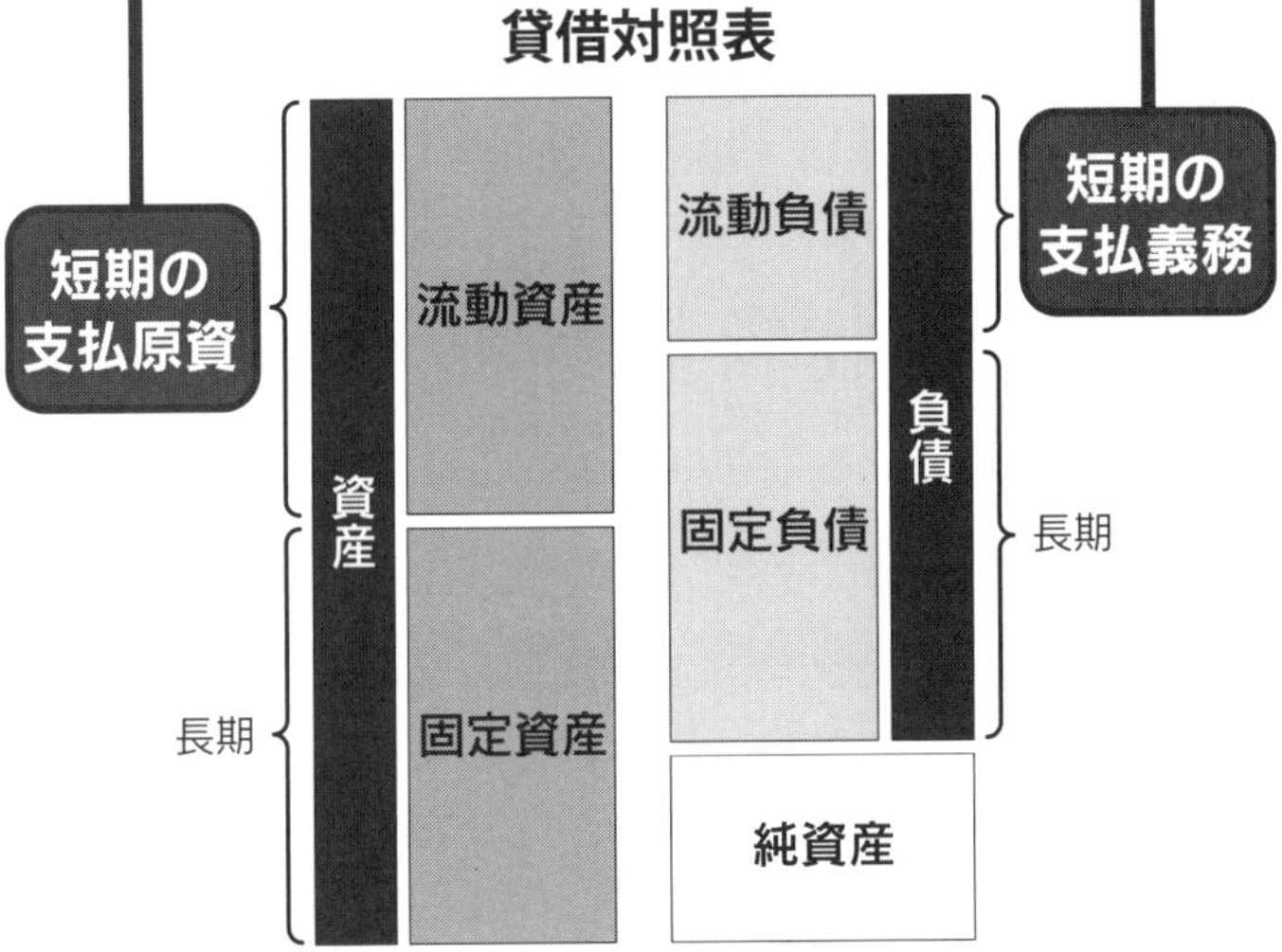

流動資産	20,244
固定資産	15,887
資産合計	36,131

流動負債	8,564
固定負債	21,777
負債合計	30,341
純資産	5,790
負債·純資産合計	36,131

$$\text{流動比率}\quad \frac{20,244}{8,564} \fallingdotseq \mathbf{236\%}$$

はないということに注意してください。

◆長期の安全性を分析するには？

「安全性分析」には、流動比率のほかにもさまざまな分析指標を計算しますが、紙面の都合がありますので、ひとつひとつを詳しく解説することはできません。しかしながら、最後に**「自己資本比率」**だけは紹介しておきたいと思います。

そもそも会社の資本の調達方法としては、負債による調達と純資産による調達があるわけで、負債である以上は短期であろうと長期であろうと、いずれは返済をしなければなりません。その一方で、純資産は、最初から返済義務があり得ないのですから、「支払不能」ということが起こらないと断言できます。

だとすれば、会社を安全に経営するためには、借金に頼らずに、なるべく純資産の範囲で事業をやっていればいいということになります。

そして、そのことを調べるための指標が「自己資本比率」です。これは、どれほど負債に依存しているかということを示す指標で、**「自己資本比率」が高いほど負債に頼っていないこと**を表します。

「自己資本比率」は、金融機関が融資審査をする際にも重視する大切な指標です。

「自己資本比率」で長期の安全性を調べる

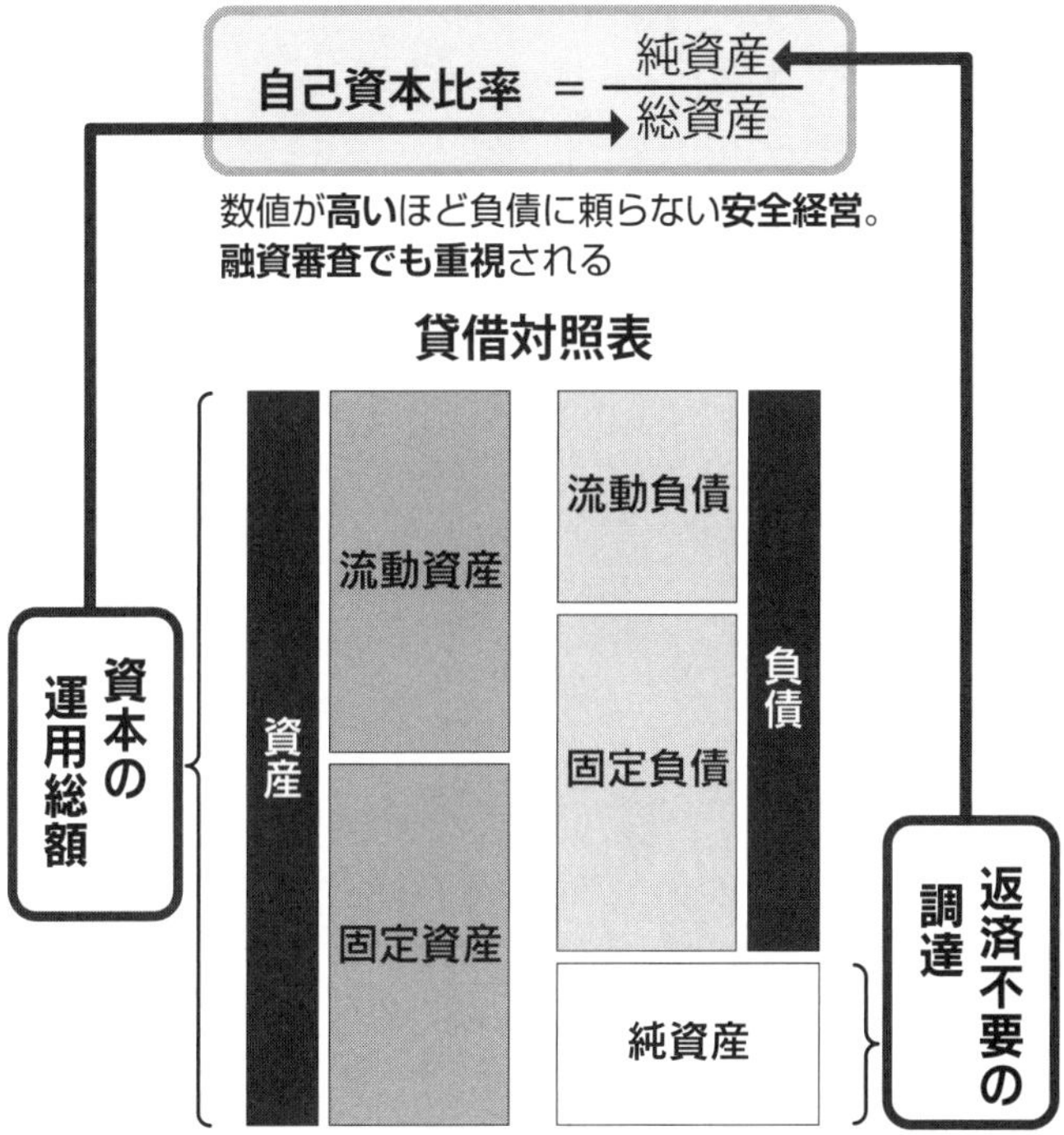
自己資本比率 ＝ 純資産／総資産
数値が高いほど負債に頼らない安全経営。
融資審査でも重視される
貸借対照表
資産
流動資産
固定資産
流動負債
固定負債
負債
純資産
資本の運用総額
返済不要の調達

流動資産	20,244
固定資産	15,887
資産合計	**36,131**

流動負債	8,564
固定負債	21,777
負債合計	30,341
純資産	**5,790**
負債･純資産合計	36,131

自己資本比率　$\frac{5,790}{36,131}$ ≒ **16%**

コラム　いつまでも『数字嫌い』とは言っていられない

会計は、本当に嫌というほど数字が登場する世界です。小学校の頃から算数が苦手だという方にとっては、かなりうんざりするものかもしれません。

しかしながら、数字というものは、じつは非常に便利な道具であり、ある分野では数字は最強の武器であると思います。

たとえば、体調を崩して病院に行ったときに、血液や尿などの検査をすることがありますが、あれも数字を便利な道具として使っています。

血液検査や尿検査は、結局のところ、その内容成分を調べているわけですが、お医者様が熱心に眺めているのは、それらの数字による分析データです。

「悪玉コレステロールが、標準値を上回っていましたが、徐々に下がってきています。このまま、このお薬を使っていきましょうね」――こんな会話が繰り広げられますが、この「標準値」というのも「徐々に下がってきている」というのも、まさに数字のなせるワザです。さすがのお医者様だって、血液を見ただけで順調なのかどうかわかるはずもありません。

このように数字というものは、とても客観的なものなのです。それゆえに変化に対してとても敏感であるという特技があります。ある治療法が効果的であるのかどうかを、見た目だけで判断することは、まず不可能であると言えます。でも、血液検査の結果である数字のデータを利用すれば、効果があるのかないのか一目瞭然です。効果があるのならその治療を継続しますし、効果がなければ治療方法を変えます。結局、お医者様も、命にかかわる判断を数字の助けを借りて行っていると言えるわけです。

そんなわけで、あなたにも数字とうまくつきあって、より多くの情報を手に入れていただきたいものです。

第8章

キャッシュフロー計算書の基本

1

経常利益と株価はどんな関係？

会社の価値は利益獲得能力で決まるはずなのに、経常利益と株価は無関係

会社の究極の目的は、事業を通じて儲けることです。したがって、より多く儲ける会社は価値が高く、儲けの少ない会社は価値が低いとなるのは当たり前の話です。

これまで、会社の業績を表しているのは損益計算書であり、とりわけ、経常利益は会社の利益獲得能力を示す大事な利益であると説明をしてきました。

そうすると、**経常利益が高い会社は、会社そのものの価値も高くなりますので、株価も高くなる**と予想されます。反対に、経常利益の低い会社は株価も低いということも容易に予想できることです。

ところが、多くの証券アナリストが上場企業の業績と株価の関係を研究した結果、「**経常利益と株価とは連動しない**」というとんでもない事実が判明しました。

つまり、経常利益は大したことないのに株価が高い会社もあれば、経常利益の割りに株価が低迷している会社もあることが統計的に立証されてしまったのです。これは、衝撃的です。これは、いったいどういうことなのでしょうか。

経常利益と株価の関係

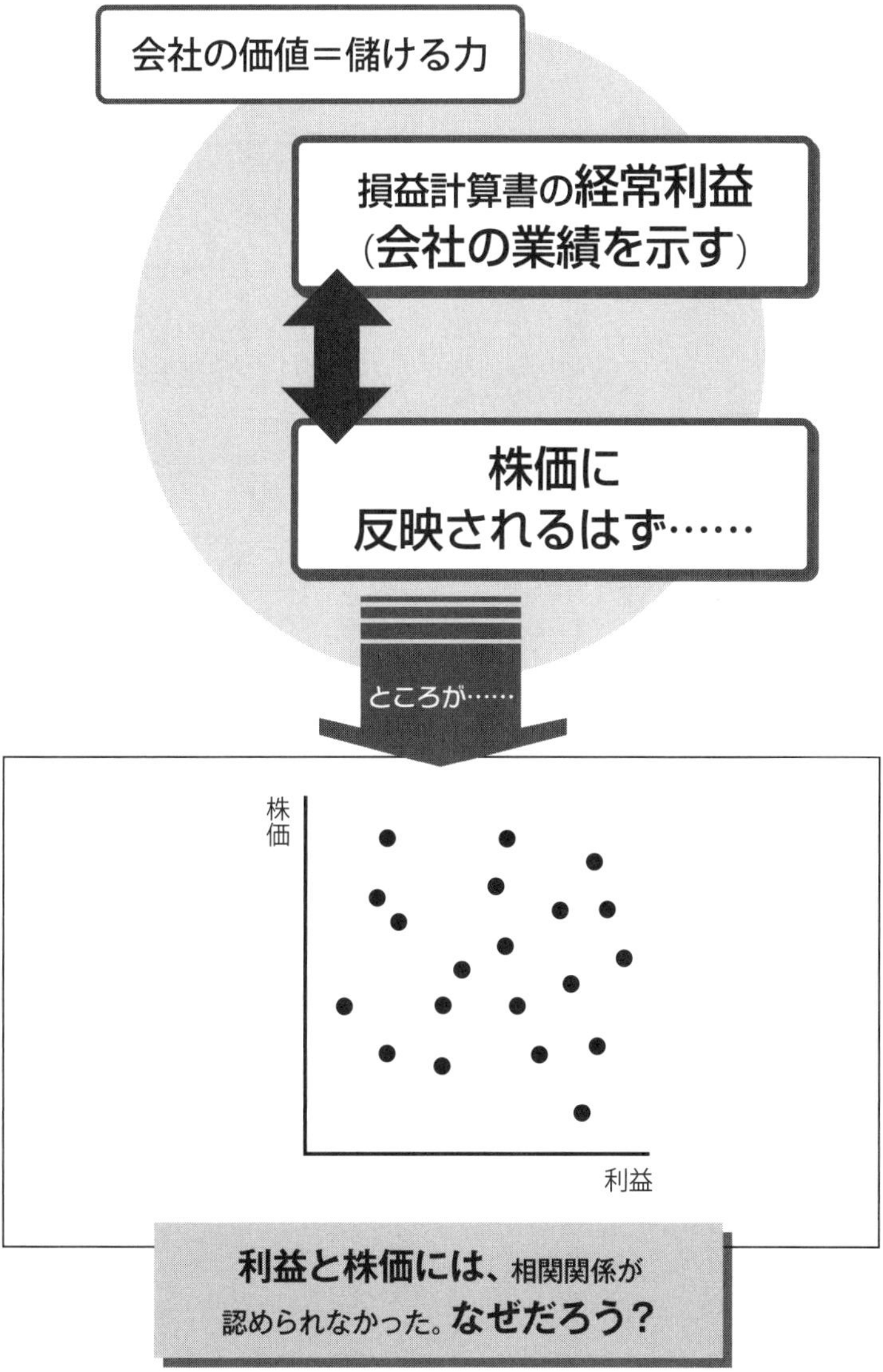
会社の価値＝儲ける力
損益計算書の経常利益
(会社の業績を示す)
株価に
反映されるはず……
ところが……
株価
利益
利益と株価には、相関関係が
認められなかった。なぜだろう？

2 「利益は意見、キャッシュフローは事実」

会計判断が「利益」には入り「キャッシュフロー」には入りにくい

現在の会計のルールは「発生主義」という、やや曖昧な基準にもとづいて利益が計算されています。第1章で説明したように、もともと利益というものは「財産の増加」のことだったわけです。しかし、業績に関するより多くの情報を早め早めに提供したいと思うがあまり、「財産」という裏づけがしっかりしていない経済事象まで利益計算に取り込んでしまいました。これは無視することができません。

たとえば、減価償却なんていう計算も、期間比較を歪めないためと言いながら、ずいぶんといい加減な計算をしていました。じつは、現代の会計ルールでは多くの「会計判断」が必要となり、その**「会計判断」によって計算される利益の額は変わってしまう**のです。

一方で、現代企業の経営者、とくに上場企業の経営者ともなると、これは会社のオーナーではありませんから、言ってみれば「雇われ経営者」です。そして、彼らの評価は、会社の業績によってなされますから、会社の利益の額は彼らにとって死活問題となります。

もちろん、会計ルールに違反することはできませんが、ルールの範囲内であれば、「会

損益計算書には経営者の判断が入り込む

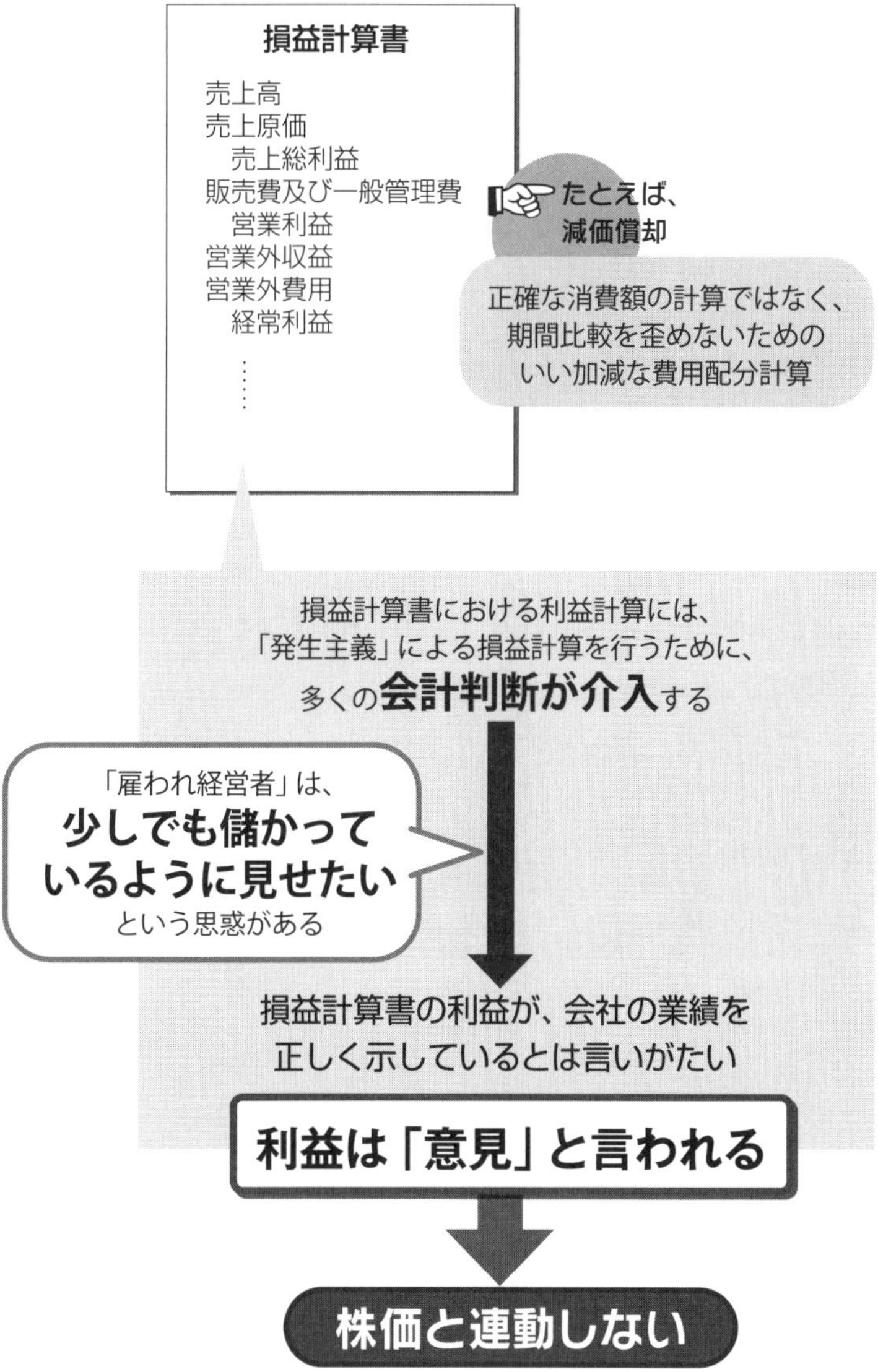
損益計算書
売上高
売上原価
売上総利益
販売費及び一般管理費
営業利益
営業外収益
営業外費用
経常利益
……
たとえば、
減価償却
正確な消費額の計算ではなく、期間比較を歪めないためのいい加減な費用配分計算
損益計算書における利益計算には、「発生主義」による損益計算を行うために、多くの会計判断が介入する
「雇われ経営者」は、少しでも儲かっているように見せたいという思惑がある
損益計算書の利益が、会社の業績を正しく示しているとは言いがたい
利益は「意見」と言われる
株価と連動しない

計判断」の際には少しでも自分たちに有利なように、つまり、少しでも業績がいいと思われるように小細工をしようとするでしょう。

その結果、損益計算書の利益計算は、そういった「雇われ経営者」の思惑が混ざり込んだものとなり、必ずしも事実を表していないことに投資家は気づいてしまいました。その結果、もはや株価は経常利益に反応しなくなってしまったのです。

◆会計判断が入り込みにくい「キャッシュフロー」

そうは言うものの、会社の業績を判断しないわけにはいきませんので、投資家は「利益」に代わる業績指標を探しました。そして、株価と連動する業績指標として見つかったのが「キャッシュフロー」でした。**「キャッシュフロー」とは、どのくらい現金や預金が増えたかを示します。**

「現金主義」では会社の経済的な実態を評価し得ないとか言って「発生主義」を採用したにもかかわらず、「現金主義」のほうがいいなんて、皮肉というか、虫がいいというか、まったくおかしな話です。しかしながら、キャッシュの増加というのは、余計な会計判断が介入する余地がなく、事実を事実として表すのにピッタリだったんです。

このような理由から、**「利益は意見、キャッシュフローは事実」**と言われています。

キャッシュフローには経営者の判断が入りにくい

キャッシュフロー ＝ 現金や預金の増減

キャッシュフローの計算には
判断の介入する余地が少ない

キャッシュフローは「事実」と言われる

利益に代わる業績指標

株価と連動する

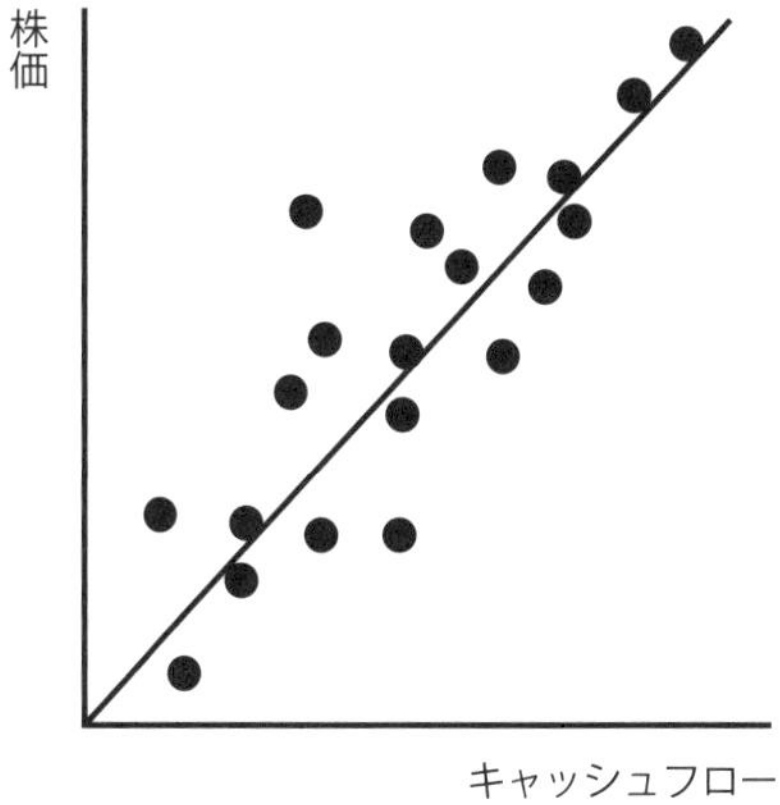

3 「キャッシュフロー計算書」ってどんなもの？

キャッシュフロー計算書は、大きく3つの部分に分けられている

新しい業績指標として登場したキャッシュフローについて、損益計算書のように、さらに親切な報告をしようとして生み出されたのが「**キャッシュフロー計算書**」です。

実際の「キャッシュフロー計算書」は左の図のような形式になっており、一見ややこしい印象を与えるかもしれませんが、その構造はいたって簡単です。

着目していただきたいのは、「キャッシュフロー計算書」が大きく3つの部分に区分されている点です。

すなわち、「**営業活動によるキャッシュフロー**」「**投資活動によるキャッシュフロー**」「**財務活動によるキャッシュフロー**」という3区分があって、最終的にお金がどれほど増えたのか減ったのかということを計算させています。

「キャッシュフロー計算書」を読む場合、細かい部分はそれほど重要ではありません。大事なことは、この3種類のキャッシュフローがどのようなバランスとなっているかということで、それさえ理解してしまえば「キャッシュフロー計算書」は読めちゃいます。

実際の「キャッシュフロー計算書」

キャッシュフロー計算書

科目		14年度 (14/4～15/3) 百万円
Ⅰ．営業活動によるキャッシュ・フロー		
税金等調整前当期純利益		694,624
減価償却費(リース車両除く固定資産)		204,210
減価償却費(長期前払費用)		8,545
減価償却費(リース車両)		158,370
貸倒引当金の減少額(又は増加額)	△	503
投資勘定の評価減		769
受取利息及び受取配当金	△	8,520
支払利息		80,255
有形固定資産売却益	△	58,796
有形固定資産廃却損		15,587
投資有価証券売却益(又は売却損)	△	4,324
売上債権の減少額		44,989
販売金融債権の増加額	△	327,357
棚卸資産の増加額(又は減少額)	△	28,404
仕入債		
退職給		
退職給		
退職給		
事業構		
その他		
利息及		
利息の		
法人税		
Ⅱ．投資活動		
短期投		

「**営業活動**による
キャッシュフロー」
「**投資活動**による
キャッシュフロー」
「**財務活動**による
キャッシュフロー」
の3つに区分して表示

Ⅱ．投資活動によるキャッシュ・フロー		
短期投資の純減少額		789
固定資産の取得による支出	△	377,929
有形固定資産の売却による収入		98,699
リース車両の取得による支出	△	483,704
リース車両の売却による収入		259,075
長期貸付金の減少額		13,097
長期貸付金の増加額	△	11,343
投資有価証券の取得による支出	△	32,053
投資有価証券の売却による収入		45,263
連結範囲の変更を伴う子会社株式の売却による収入		8,395
子会社株式の追加取得による支出	△	692
その他	△	34,971
計	△	515,374
Ⅲ．財務活動によるキャッシュ・フロー		
短期借入金の純減少額（又は純増加額）	△	54,310
長期借入金の増加額		534,053
社債の増加額		85,000
長期負債の返済・社債の償還	△	524,115
株式の発行による収入		-
自己株式の取得による支出	△	58,383
自己株式の売却による収入		5,670
ファイナンス・リースの返済による支払額	△	9,879
配当金の支払額	△	50,800
計	△	72,764
Ⅳ．現金及び現金同等物に係る換算差額		654
Ⅴ．現金及び現金同等物の減少額	△	12,106
Ⅵ．現金及び現金同等物の期首残高		279,653
Ⅶ．新規連結に伴う現金及び現金同等物の増加額		2,297
Ⅷ．連結除外に伴う現金及び現金同等物の減少額	△	27
Ⅸ．現金及び現金同等物の期末残高		269,817

※平成15年3月期の日産自動車㈱の決算報告より

4

「営業活動によるキャッシュフロー」って何？

「営業活動によるキャッシュフロー」で、真実の「儲け」がわかる

まず、「営業活動によるキャッシュフロー」ですが、これは**事業から生み出されたお金**だと思ってください。損益計算書の経常利益と似ていますが、利息の受け払いや税金の支払いなども取り込んでいるのが特徴です。

その反対に、減価償却や引当金といったうさん臭い計算は見当たりません。

この「営業活動によるキャッシュフロー」は、支払わなければならないものはしっかり支払った上で、その事業はいくらのお金を稼いだのかを示すように作られています。そして、その稼いだお金で設備投資をしたり、借金を返済したり、株主に配当したりするというわけです。大変わかりやすいですね。

当然のことですが、この「営業活動によるキャッシュフロー」が多いほど、たくさんのお金を稼いだことになります。そして、そのことは、経常利益が多いということ以上に株主から高い評価を受けることになります。

反対に、これがマイナスであれば、事業をしないほうがよかったとさえ思われるでしょう。

「営業活動によるキャッシュフロー」とは？

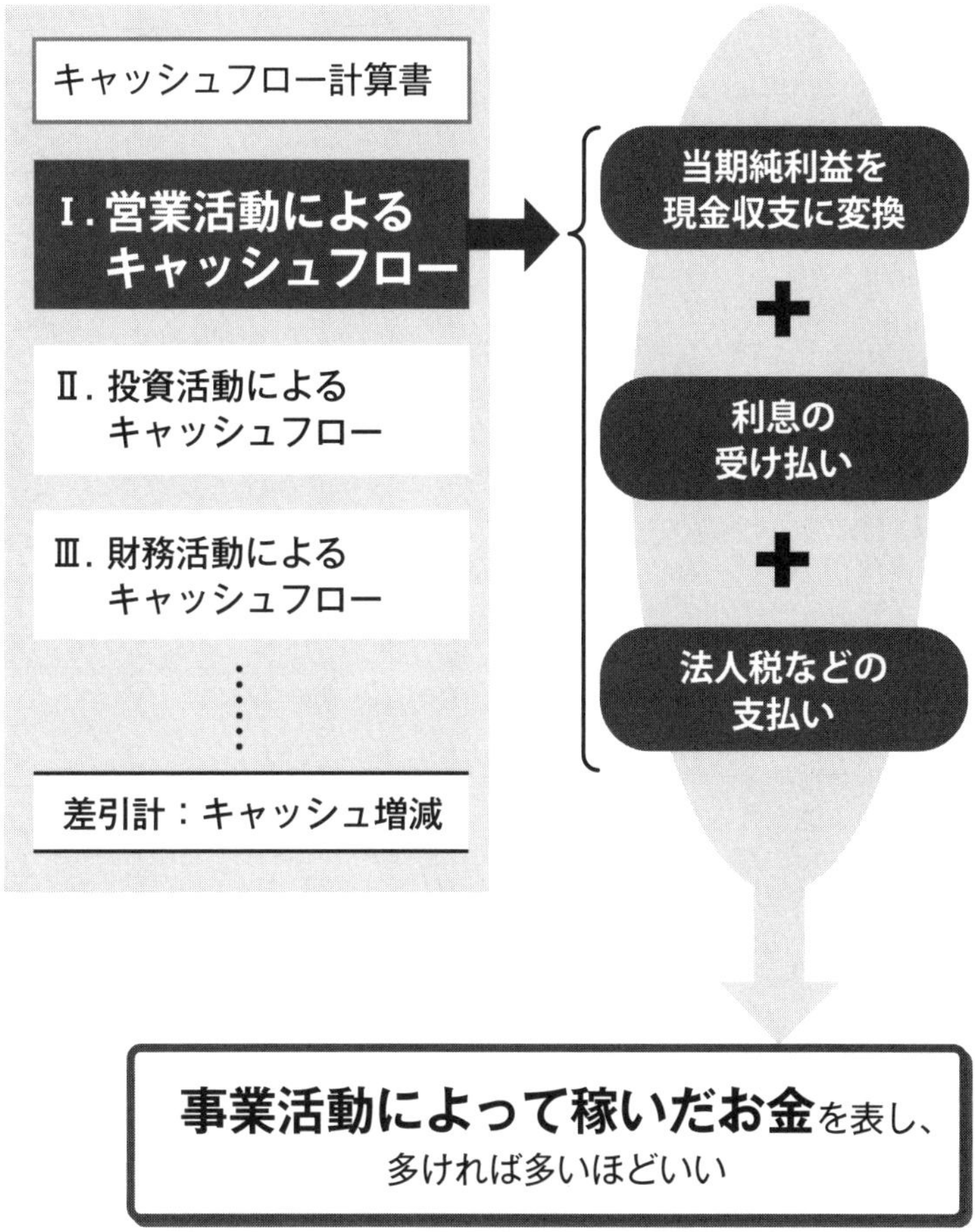

キャッシュフロー計算書
I. 営業活動によるキャッシュフロー
II. 投資活動によるキャッシュフロー
III. 財務活動によるキャッシュフロー
差引計：キャッシュ増減
当期純利益を現金収支に変換
利息の受け払い
法人税などの支払い
事業活動によって稼いだお金を表し、
多ければ多いほどいい

5

「投資活動によるキャッシュフロー」って何?

投資活動はリスクをともなうものであるが、将来の期待を生み出す

「キャッシュフロー計算書」がなんといっても偉大なことは、固定資産のようなものについて余計な計算をしない点です。「営業活動によるキャッシュフロー」の段階で、業績を判断するに十分な計算が終わっているからです。

固定資産を毎年毎年の費用として無理な計算をする必要はありません。固定資産を取得したのであれば、その期に全額を「投資活動によるキャッシュフロー」として、どかんと乗せておいても、その設備投資のせいで赤字になったとか騒ぐ必要もまったくなくなっています。

むしろ、このような表示方法のおかげで、投資に対して別の視点で評価されるようにさえなっています。というのも、投資をするということは、言い換えれば将来に対して期待が持てる表れでもあります。少なくとも、**経営者は将来に向けて前向きな予測を立てているる**と言えるでしょう。将来に向けた成長こそが投資家が希望することです。したがって、お金を使っていたとしても、積極的な投資活動は高い評価を受けることとなります。

「投資活動によるキャッシュフロー」とは？

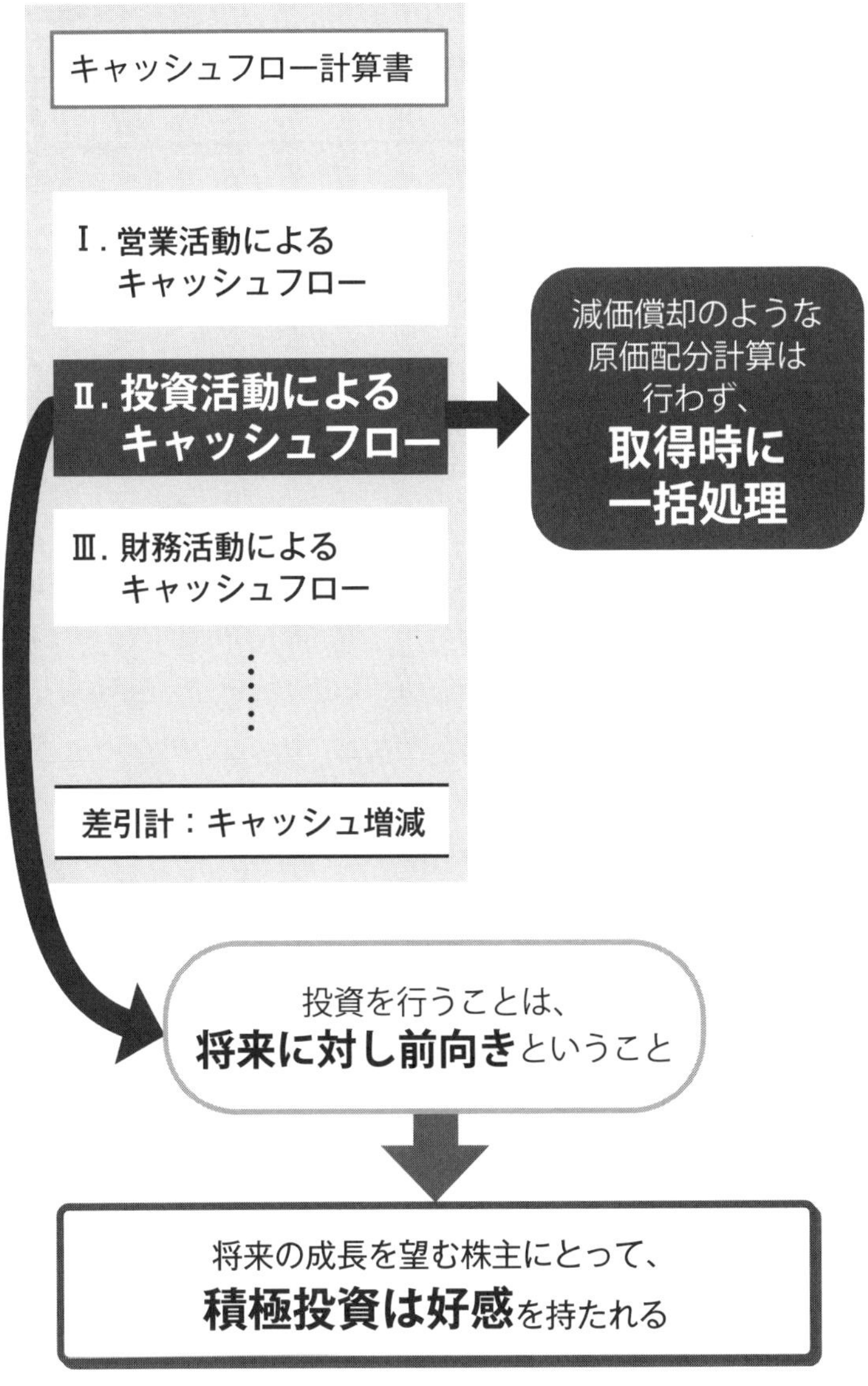

キャッシュフロー計算書
Ⅰ. 営業活動による キャッシュフロー
Ⅱ. 投資活動による キャッシュフロー
Ⅲ. 財務活動による キャッシュフロー
差引計：キャッシュ増減
減価償却のような 原価配分計算は 行わず、
取得時に 一括処理
投資を行うことは、
将来に対し前向きということ
将来の成長を望む株主にとって、
積極投資は好感を持たれる

6 投資活動のリスクを小さくするためには？

「営業活動によるキャッシュフロー」の範囲で投資を行うことが求められる

「投資活動によるキャッシュフロー」がマイナス、つまり、お金を使ってしまっていても投資家の評価は下がらないと言いましたが、これにも限度があります。

それは、十分な「営業活動によるキャッシュフロー」がないにもかかわらず、過大な投資をすることにはリスクをともなうからです。

すべての投資が成功するなら経営なんて簡単です。読みが外れて失敗することもあるでしょう。ところが、「営業活動によるキャッシュフロー」を超えて投資をしようとすれば、お金が足りなくなり借金を増やさなければなりません。そのことが「財務活動によるキャッシュフロー」で明らかにされています。

最も理想的な経営状態は、「営業活動によるキャッシュフロー」の範囲で十分な投資も行い、さらに余ったお金で借金も返済していくというものです。

このため、**「営業活動によるキャッシュフロー」から「投資活動によるキャッシュフロー」を差し引いた結果が黒字**であることが求められます。

投資活動のリスクを見極めるには？

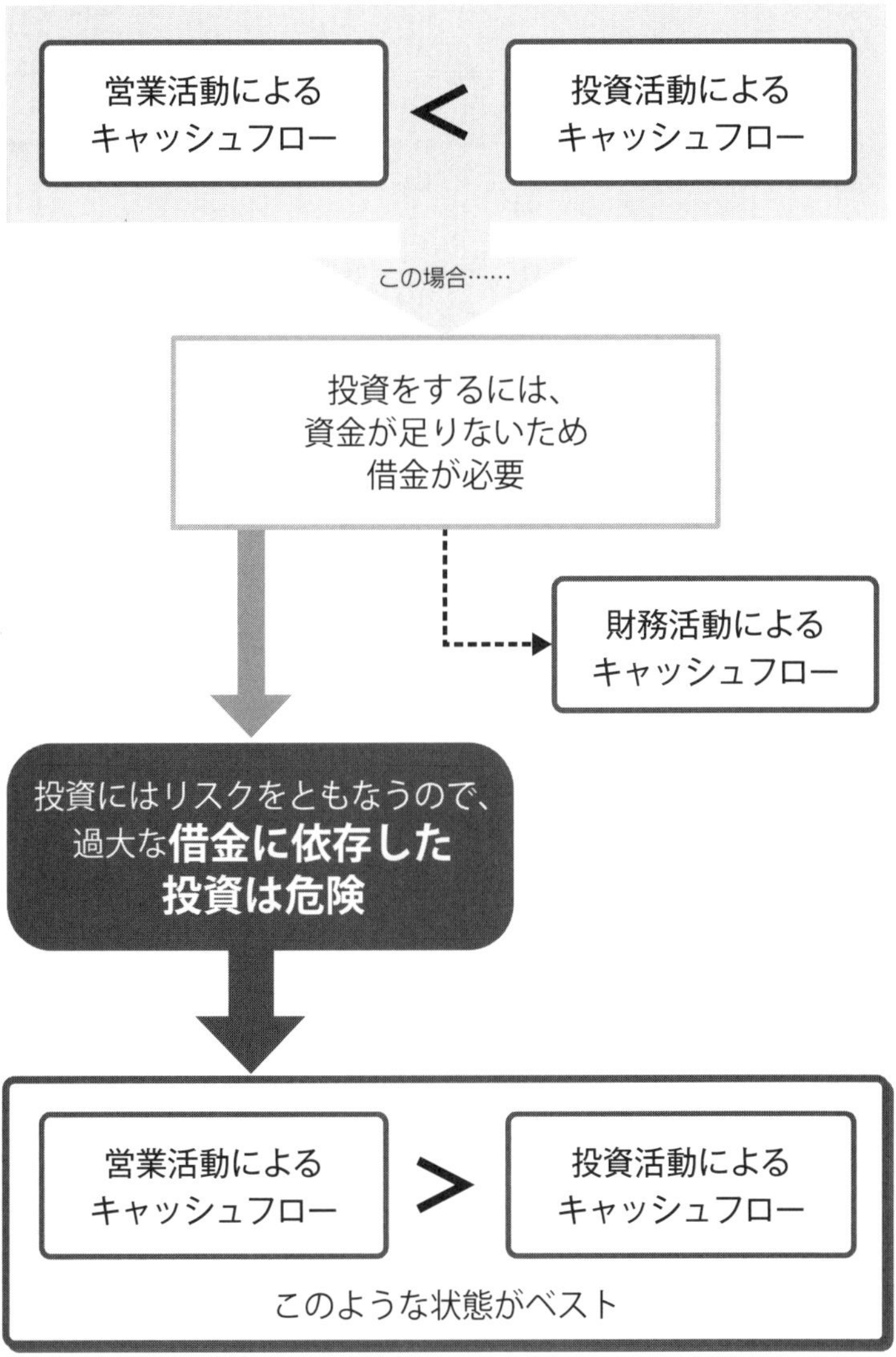
営業活動によるキャッシュフロー
＜
投資活動によるキャッシュフロー
この場合……
投資をするには、資金が足りないため借金が必要
財務活動によるキャッシュフロー
投資にはリスクをともなうので、過大な借金に依存した投資は危険
営業活動によるキャッシュフロー
＞
投資活動によるキャッシュフロー
このような状態がベスト

7

「フリー・キャッシュフロー」って何？

会社の価値はキャッシュの獲得能力である「フリー・キャッシュフロー」にあり

「営業活動によるキャッシュフロー」から「投資活動によるキャッシュフロー」を差し引いた結果を**「フリー・キャッシュフロー」**と呼ぶことがあります。前項で説明したように「フリー・キャッシュフロー」が潤沢な会社は、非常にいい会社であると言えます。

そして、本章の冒頭でお話した経常利益に代わる業績指標というのは、じつは、この「フリー・キャッシュフロー」を指しています。驚くことに、この**「フリー・キャッシュフロー」は、株価との密接な連動関係も確認**されています。また、近年では、株価の算定や事業譲渡の価格決定の場合など、会社の価値を計算するような場面でも、この「フリー・キャッシュフロー」が非常に多く利用されています。

一方、会社が保有するキャッシュは、業績がよくても悪くても、残高をそれほど乱高下させるわけにはいかず、ほぼ一定量の資金を手元に残しておこうとします。つまり、財務活動とは、「フリー・キャッシュフロー」とキャッシュの残高を調整する活動であると言うこともできます。

株価と連動するキャッシュフローとは？

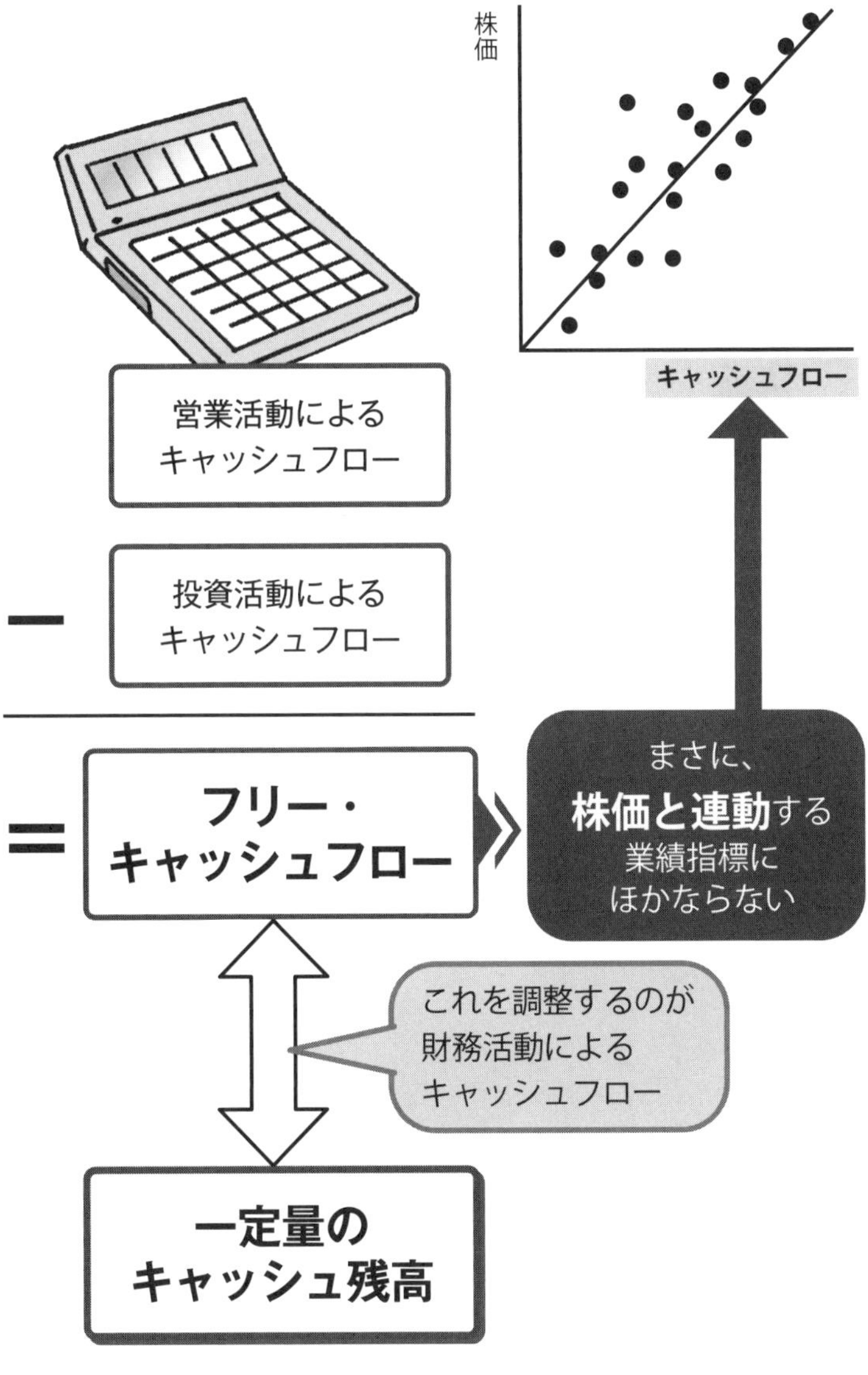
株価
キャッシュフロー
営業活動によるキャッシュフロー
－
投資活動によるキャッシュフロー
＝
フリー・キャッシュフロー
まさに、株価と連動する業績指標にほかならない
これを調整するのが財務活動によるキャッシュフロー
一定量のキャッシュ残高

8 決算書は3つとも必要なもの

「損益計算書」「貸借対照表」「キャッシュフロー計算書」の3つをバランスよく

いいことずくめの「キャッシュフロー計算書」に見えるかもしれませんが、「キャッシュフロー計算書」にも弱点があります。

たとえば、100万円分の商品を仕入れて、そのうちの半分を販売して売上代金70万円を回収したとしましょう。「キャッシュフロー計算書」では、30万円のお金が減ったという計算となります。これは「事実」として大切な情報ではありますが、このことだけで業績が悪いと決めつけることはできないでしょう。

これに対して損益計算書の利益計算では、売上高70万円に対して売上原価が50万円となりますので、売上総利益は20万円と計算されます。そして、このことから「この事業は原価に40%の利益を乗せて販売している」ということがわかり、これまた、貴重な経営情報が提供されていることに疑いの余地もありません。

結局のところ、**「損益計算書」「貸借対照表」「キャッシュフロー計算書」から得られる経営情報をバランスよく読んで、会社の経営実態に迫る**ことがとても大事なことなのです。

すべての決算書の書類をバランスよく読む

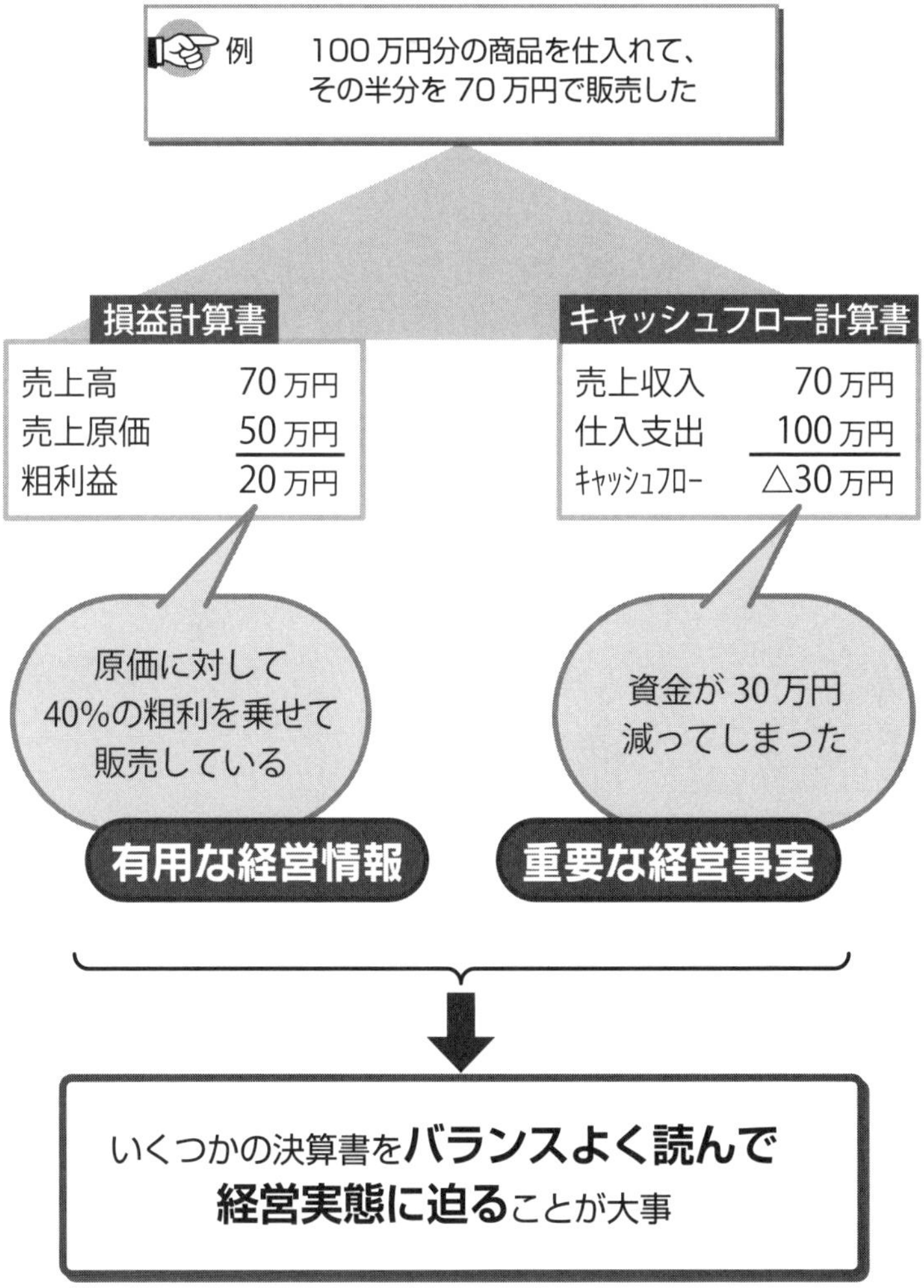
例　100万円分の商品を仕入れて、
その半分を70万円で販売した
損益計算書
売上高　70万円
売上原価　50万円
粗利益　20万円
キャッシュフロー計算書
売上収入　70万円
仕入支出　100万円
キャッシュフロー　△30万円
原価に対して
40%の粗利を乗せて
販売している
資金が30万円
減ってしまった
有用な経営情報
重要な経営事実
いくつかの決算書をバランスよく読んで
経営実態に迫ることが大事

おわりに

最後までお読みいただきありがとうございました。

会計の世界、決算書の世界はいかがだったでしょうか。

「決算書の基本がつかめた」
「会社の仕組みがわかった気がする」
「決算書が読めると思う」
「業績がどんなものか、わかったと思う」
「会計って、思ったより面白そうだ」

こんなふうに感じていただければ、大変嬉しく思います。

私は、会計の分野の専門家として仕事をしていますが、会計が苦手であるとか、会計が嫌いだというお客様が非常に多いことを日々痛感させられています。

そういうお客様と話をしていると、それほど難しいものではないのに食わず嫌いになっていて、なんともったいないことかと思わざるを得ません。

そして、そのようなお客様が、会計データを便利な道具として活用していただけるように、懇切丁寧に解説するということに身も心も熱く燃えてしまいます。

そんな気持ちが高じて、「会計」のことを小学生や中学生でも理解できるようにやさしくお話できるようになりたいと日々努力してきました。

本書は、そういった私の「会計論」「会計観」の集大成とも呼べるものですので、きっとご満足いただけたことと思っております。


この本を読了したあなたは、会計や決算書の基本を理解しています。

その結果、あなたは

上司からは「数字がわかって仕事を進められるので任せられる人」
お客様からは「安心して一緒に仕事を進める相手」
同僚からは「仕事のできる人」

といった頼られる存在になれるはずです。

本書で得た基本をベースに会計を活用していけば、「会社へ貢献」できる人物となるのはすぐそこです。

あなたには明るい未来が待っています。

費用対売上高比率……177
費用配分……128

負債……60, 64, 108, 132
負債の部……56, 60
フリー・キャッシュフロー……202
不良債権……112

法人住民税……104
法人税……104, 161
法人税法……161
保守主義の原則……150
本業による利益……84, 96

ま行

前払費用……122

無形固定資産……124

元手……32, 34, 62

や行

有価証券……114
有形固定資産……124
有利子負債……134

預金……110

ら行

利益……30, 32, 36, 72
流動固定分類……66, 108
流動資産……66, 108, 110
流動比率……182
流動負債……66, 132

連結財務諸表……164

わ行

割合……170
ワン・イヤー・ルール……68

た行

貸借対照表……52, 55, 56, 107
貸借対照表科目……108
退職給付引当金……154
耐用年数……130
立替金……122
棚卸資産……118
段階利益……80
短期貸付金……122

長期貸付金……127
長期性預金……127

ティービー……138

当期純利益……80, 104
同業他社比較……168
投資家……24
投資活動による
キャッシュフロー……194, 198
投資その他の資産……126
投資有価証券……127
特別損失……80, 82, 102
特別利益……80, 82, 102

な行

内部留保……65, 136

は行

配当……65
発生主義……76
販管費……94
販売費及び一般管理費……80, 94

ビーエス……138
ピーエル……138
比較可能性……140
引当金……152
費用……48, 72, 78
評価益……116, 159
評価損……116, 159
費用収益対応の原則……88, 90
費用性資産……118, 128

索 引

三分法 93

仕入債務 132
時価 116
時価会計 158
事業 24, 28
事業税 104
時系列比較 168
自己資本比率 184
自己資本利益率 172
資産回転期間 179
資産の部 56, 58, 110
試算表 138
資本 34
資本の運用形態 64
資本の調達源泉 64
資本利益率 172
社債発行費等 149
収益 48, 72, 78
収益性分析 172
収益・費用の認識 74
修繕引当金 154
重要な会計方針 146
出資者 62
純資産 60, 62, 109, 136
純資産の部 56, 60
人財 70
信用取引 112, 132

数字 140, 186

税金 80
正常営業循環基準 68
製造原価報告書 106
税引前当期純利益 80, 104

総資本回転率 174, 178
総資本利益率 172
相場変動のリスク 114
創立費 149
損益計算書 52, 71, 87
損益法 48, 50, 72

株主……24
株主資本……136
借入金……134
仮払金……122
管理会計……166

期間損益計算……38, 40, 86
期間対応……94
企業会計原則……142
企業間比較……146
キャッシュフロー……190
キャッシュフロー
計算書……187, 194
金融商品取引法……160

区分損益計算……80
繰延資産……148

計算書類……160
経常利益……80, 82, 100, 188
継続企業……38, 40, 74
継続性の原則……146
決算書……23, 24
決算日……56, 74
原価計算……106
減価償却……130
原価配分……128
現金……110
現金主義……76

子会社株式……127
固定資産……66, 108, 124
固定負債……66, 109, 132
個別対応……90

さ行

債券……114
財産……40, 42, 48
財産法……48, 50
財務会計……166
財務活動による
キャッシュフロー……194, 200
財務諸表……161
財務分析……170
差入保証金……127

索引

アルファベット

B／S ……138
F／S ……138
P／L ……138
T／B ……138

あ行

粗利 ……88, 90
安全性分析 ……180

インカム・タックス ……104

売上原価 ……80, 88, 92
売上債権 ……112
売上総利益 ……80, 88
売上高 ……80, 88, 92
売上高段階利益率 ……177
売上高利益率 ……174, 176
運用利回り ……172

営業外収益 ……80, 84, 96, 100
営業外費用 ……80, 84, 96, 100
営業活動による
　キャッシュフロー ……194, 196
営業利益 ……80, 84, 96
エフエス ……138

か行

開業費 ……149
会計慣行 ……142, 144
会計ルール ……142, 144
会社 ……24, 28, 54, 62
会社法 ……160
回転期間 ……178
開発費 ……149
貸倒れ ……122
貸倒引当金 ……154
貸倒引当金繰入額 ……154
株 ……114
株価 ……188
株式 ……62
株式会社 ……24, 54, 62
株式交付費 ……149

【著者紹介】

村形聡（むらかた・さとし）

慶應義塾大学経済学部卒。公認会計士、税理士。

税理士法人ゼニックス・コンサルティング社員税理士兼CEO。

大手監査法人にて銀行、証券会社、専門商社、製造業、ホテル業、建設業、ゴルフ場など幅広い分野にわたる会計監査に従事するかたわら、株式公開支援業務として様々な業種に対するコンサルティング業務にも従事。

1995年に独立。「会社を元気にする税理士」として税理士業務を主軸としながら、ベンチャー企業の経営コンサルティング業務、M&A支援コンサルティング、企業のターン・アラウンドに関するコンサルティング業務、最近ではマーケティングに関するコンサルティングにも力を注いでいる。

現在の顧問先企業数は400社超であり、中小企業の経営者の強い味方となっている。

講演依頼も多数あり、これまでの参加者は1万人超にのぼる。


おもな著書に『会社の数字を読みこなすための基本とルール』『小さな会社の税金と節税』『スラスラ読める簿記』『スラスラ読める決算書』『個人事業の経理』『小さな会社の資金繰り・資金調達のすべてがわかる事典』（いずれも新星出版社）、『ポイント図解式会計 財務諸表と経営分析』（アスキーメディアワークス）、『日本一やさしい会社の設立と運営の学校』（ナツメ社）など多数がある。

これだけは知っておきたい「決算書」の基本とルール

2012年 7 月24日　　初版発行
2020年 4 月13日　　5 刷発行

著　者　村形　聡
発行者　太田　宏
発行所　フォレスト出版株式会社
〒162-0824 東京都新宿区揚場町 2-18　白宝ビル5F
電話　03-5229-5750（営業）
03-5229-5757（編集）
URL　http://www.forestpub.co.jp

印刷・製本　萩原印刷株式会社

ISBN978-4-89451-517-8　Printed in Japan